직장으로 간 심리학자

일은 잘하지만, 마음은 무너진 당신을 위한
실전 직장 심리학

직장으로 간
심리학자

황준철 지음

ᏫᎢᎰᎤ 글의온도

일은 인간에게 있어 행복을 위한 전제 조건이다. 일 자체가 재미있기 때문은 아니다. 그 안에 의미와 보람 그리고 성장이 있기 때문이다. 그리고 대부분 직장에서 일을 배우고 완성해 나간다.

그런데 참 당황스럽게도 전문적으로 훈련받은 심리학자들도 잘 모르는 곳이 또한 이 직장이다. 그래서 직장을 잘 아는 심리학자, 그 안에서 직장인들과 함께 호흡해온 심리학자의 통찰은 참으로 귀하다. 그 점에서 저자는 아마도 우리나라에서 가장 돋보이는 심리학자일 것이다. 드디어, 직장인을 위한 진짜 심리학 서적이 나왔다.

김경일 인지심리학자, 아주대학교 심리학과 교수

"회사보고 왔다가 상사 보고 떠난다"라는 말이 있다. 이게 우리 현실이다. 이 관계 속에서 발생하는 갈등, 좌절, 스트레스가 직장인들을 지치게 한다. 힘들다고 하소연하는 이들 속을 가만히 들여다보면 사실은 사람에게 받는 스트레스가 대부분이다. 20~30년 전에 자신이 배운 대로 리더십을 발휘하는 꼰대, 도무지 기본이 되어 있지도 않은 신세대들… 답답하지만 내가 바꿀 수 있는 것도 한계가 있다. 어떻게 하면 직장에서 스트레스에 끌려다니지 않고, 주도적으로 현실을 수용하고 삶의 주인공이 될 수 있을까? 이때 누군가가 당신의 말에 귀를 기울이고, 함께 고민해주고, 같이 방법을 찾아 나간다면 얼마나 반가울까? 그게 바로 이 책의 저자인 황준철 박사가 오랜 시간 기업에서 하던 역할이다. 황 박사는 자기 자신도 직장인이면서 오랜 시간 현장에서 심리 전문가로서 제 역할을 해온 베테랑이다. 이제 그 생생한 경험을 바탕으로 지친 직장인을 위한 멋진 처방전을 제시해준다. 저자의 역작에 축하를 보낸다.

신영철 성균관대 의대 강북삼성병원 정신건강의학과 임상교수,
기업정신건강연구소 고문

많은 직장인이 조직에서 겪는 스트레스, 미래에 대한 불안 그리고 자기 성장을 향한 갈망을 끌어안고 다소 버겁게 일상생활을 해나갑니다. 일상의 반복으로 심리적인 여유가 점점 사라지고, 결국 행복과 만족과는 거리가 먼 삶에 익숙해집니다. 이런 직장인들이 시각을 전환하고 새로운 방향을 탐색해보길 바라는 저자의 진정성과 섬세함이 느껴지는 책입니다.

저자가 심리학자로서 지닌 전문성과 통찰, 그리고 직장인으로서 겪

어온 경험과 연륜을 함께 만날 수 있습니다. 이 책은 조직 내 갈등과 어려움을 겪는 직장인에게는 따뜻한 위로와 공감을, 발전적인 미래를 꿈꾸는 직장인에게는 냉철한 분석과 대안을 제시할 것입니다.

강민재 이지앤웰니스(직장인 멘탈헬스케어 전문기업) 대표

앞 사람의 생각을 바꾸기보다는 내 생각을 바꾸기가 훨씬 쉽다는 말이 있다. 사회생활을 하면서 가장 큰 어려움은 대부분 인간관계에서 나왔다. 조직 내 크고 작은 문제에는 반드시 심리적인 문제가 얽혀 있다.

저자는 마케팅 콘텐츠를 만드는 사람들의 심리와 감성을 더욱 효율적으로 다듬고 어루만지고 치유하는 사람이었다. 그래서 많은 직장인이 그를 의지했는지도 모른다. 이 책은 직장에서 겪는 여러 심리적 고충에 대해 가이드 역할을 하면서 해결점을 찾으려는 노력의 결실이다.

송문규 유나스엔터테인먼트 대표, 前 제일기획 광고캐스팅 총괄디렉터

저자 황 박사님과는 같은 직장에서 만나 많은 대화를 했다. 회사에 대한 불만, 상사 뒷이야기, 동료에 대한 배신감, 그리고 개인적인 것까지…. 처음엔 이렇게까지 다 말해도 되나 싶었던 적도 있었고, 나만 적응하지 못한다는 생각에 우울하기도 했다. 그러나 문제 해결의 시작점은 내 현실을 빨리 인지하는 데 있었다. 황 박사님은 나에게 그런 문제 해결의 실마리가 되어주었다. 그와 이야기하며 나를 알게 되고, 결국은 인생에 큰 모티베이션이 되었다.

이 책에는 배려 깊은 상담가요 심리학자로서, 함께 직장생활을 해나가는 생활인으로서 저자가 평범한 직장인들을 위해 담아낸 균형 있는 심리적 조언이 가득하다. 저자의 말마따나 "일과 삶의 균형을 잡으면서 성장과 행복을 극대화하는" 길을 찾으려는 독자들에게 일독을 권한다.

이계조 ㈜쏠트(디지털 크리에이티브 에이전시) 공동대표,
前 제일기획 크리에이티브 디렉터

일잘러, 먹고사니즘을 넘어
성장과 행복의 길을 만나다

.

직장생활을 하다 보면 몇 번의 직업적 위기가 찾아온다. 다양한 이유에서 '정말 여기가 끝이다' 라는 말이 절로 나오면서 이젠 떠날 때가 된 것 같은 시기가 온다. 안타깝지만 아주 특별한 경우 외엔 환경을 바꾸기란 쉽지 않다. 특별히 직장에선 더더욱 여지가 많지 않다. 그러다 보니 '퇴사'는 직장인 자기계발의 끊이지 않는 주제로 자리 잡는다. 무작정 사표를 던지는 사람이 많지는 않지만, 직장에서 오는 다양한 스트레스가 쌓이다 보면 더 이상 아무것도 할 수 없을 것 같은 에너지 고갈을 경험하기 때문이다.

이 수준에 이르면 퇴사 외에는 아무것도 보이지 않는 터널시 상태(정상적인 인지 능력의 붕괴에서 오는 극단적 상태)에 머무르게 된다. 성격, 건강, 환경에 따라 체감하는 상처의 깊이와 범위는 다르지만, 스트레스에 지속적으로 노출되면 인지하지 못하는 사이 우리의 정서적 안정은 무너지고 일도 삶도 엉망이 된다. 행복하려고 시작한 직장이 오히려 우리를 행복과 멀어지게 한다. 그래서 삶의 대부분 시간을 보낼 수밖에 없는 직장이라는 시간과 공간에서 나와 동료의 마음을 챙기고, 심리적 안정 상태를 유지하려면 심리적 차원에서 성장 전략이 필요하다.

일만 잘한다고 '일잘러'(직장에서 일도, 관계도 안정적이며 성장을 주도하는 사람)가 될 수는 없다. 나도 남도 주변도 건강하고 행복하게 만드는 사람, 직장을 도전과 행복감으로 채워가는 사람이 소위 일잘러다. 그들은 이미 자신의 마음 상태에 깊은 관심을 기울이며 필요를 외면하지 않고 적절한 도움을 받고 있다. 또한, 심리 상담을 통해 마음 건강의 기반을 확인하고, 할 수 있는 것과 없는 것을 구분하며, 변화를 위한 실천과 변화될 수 없는 것은 수용하는 과정을 겪는다. 이러한 과정을 통해 일과 삶의 균형(기계적인 균형이 아닌, 때와 시간 그리고 상황에 맞는 탄력적인 균형)을 찾고 성장과 행복을 극대화하는 힘을 얻는다.

일잘러도 괴로워하고 갈등하지만 그 고민의 시간을 최대한 단축한다. 그리고 상황에 대처하는 법을 끊임없이 연습한다. 부정적 감정에 머무르며 에너지를 소진하기보다는 문제의 원인을 분석하고 해결책을 빠르게 찾아 나간다. 건강과 마음을 다치게 하지 않기 위해 최대한 평정심을 유지한다. 해결까지는 길이 멀어 보여도 경력과 진로를 위해 버텨야 할 기준을 정하고 현재를 참아내는 동기를 극대화한다.

직장이라는 테두리 안에서 정말 행복하게 사는 사람도 있다.

문제 해결의 핵심은 현재의 직장을 삶의 목적이 아닌 수단으로 바라보는 데서 출발한다. 수단과 목적이 전도되면서 생기는 불균형을 바로잡고, 나도 조직도 윈윈하는 것이다. 그러나 성장을 통해 행복을 누리기보다 회사라는 생계형 수단에 갇힌 채 끊임없이 누군가와 비교하면서 자괴감을 느낀다면 우리 삶은 그야말로 지옥이 된다.

저자는 임직원을 위한 심리상담, 교육, 프로그램 등을 지원하며 심리 상담 전문가, 마음 건강 전략가로 활동하면서 '일잘러' 그리고 일잘러가 되고 싶은 사람들과 함께 웃고, 울며, 힘겨운 상황을 헤쳐나가는 과정을 이 책에 담았다. 심리 전문가이면서도 대한민국에서 가장 역동적인 조직에 소속된 직장인으로서 억울함, 미안함, 죄책감, 화, 질투, 자괴감 등 직장이라는 울타리에서 경험하는 다양한 감정과 그 기저를 확인함과 동시에, 어떻게 하면 부정적 감정을 관리하고 균형을 이어 나갈 수 있을까에 관해 담백한 전략을 다뤄보았다.

우리의 관점은 생각보다 객관적이지 않다. 그래서 항상 자신을 중심으로 세상을 바라본다. 특별히 힘든 상황이 되면 나만 세상에 남겨진 것처럼, 늪에 빠진 것처럼 느낀다. 하지만 나만 그런 게 아니다. 무엇 하나 걱정거리 없어 보이는 동료도, 세상 편하게 사는 것 같은 팀장도 다들 나름대로 고민과 갈등을 경험하며 하루하루를 이어간다. 대표도, 임원도, 상사도, 동료도, 후배도 다들 비슷한 무게의 짐들을 힘겹게 짊어지고 살아간다.

이제 직장은 더 이상 생계 수단이 아닌 성장과 행복의 도구가 되어야 한다. 승진은 직급과 직책만이 아닌 '마음의 성장'에 대한 보상이어야 한다. 새 세대에게는 간접 경험을, 주도하는 세대에게는 공감을, 다음을 준비하는 세대에게는 정리할 시간과 새로운 가능성을 주어야 한다. 누구에게나 직장은 배움을 위한 교육 장소여야 하며 모든 세대가 다양한 경험을 통해 함께 성장할 수 있는 시간과 공간이 되어야 한다. 이 책을 통해 독자 여러분도 마음 성장의 여정에 동참하길 기대한다.

목차

1부 마음이 말을 걸어오기 시작했다

1부

마음이 말을 걸어오기 시작했다

살다 보면 다양한 영역에서 마음에 상처를 받는 일들이 생기고, 이런 일을 반복적으로 경험하다 보면 자연스럽게 우울, 불안, 두려움, 분노 등의 감정이 삶의 큰 소용돌이를 만든다.

안타까운 것은 그 소용돌이는 (환경이나 그 누군가가 만드는 것이 아닌) 내 안에서 시작됨을 자주 놓친다는 것이다. 내가 환경과 그 누군가를 극적으로 변화시킬 수 없다면 나 자신을 관리하고 바꿀 수밖에 없다. 더불어 힘들 땐 힘들다고 말할 용기가 있어야 한다.

01

나는 지금, 잘 사는 걸까?

○
◐
●

나이가 어느 정도 되고, 경력과 연차도 쌓이면 마음 편히 직장도, 인생도 즐기면서 만족감을 느끼며 잘 살고 있을 줄 알았다. 하지만 내가 느끼는 이상과 현실 사이의 거리는 너무나 멀게만 느껴진다. 이렇게 한 해 한 해가 빠르게 지나면서 내가 정말 잘 살고 있는건지, 내가 원하는 방향으로 가고 있는지 걱정하느라 불안해진다.

조금씩 철이 들고, 책임감이 생기면서 최선을 다해 열심히 살았다. 때론 역경의 시기를 만나도 누구나 힘들겠거니 생각하며 버티다 보면 언젠가는 바라던 그런 삶을 만날 거라 믿었다. 직장에서도, 삶에서도 최고가 되기 위해 노력했고, 때론 최고가 아니더라도 인정받고, 존경받는 성공한 삶을 꿈꾸었다.

하지만 어느 순간 쏟아낸 열정과 에너지에 비해 나는 항상 모자라게만 보였고 어디로 가야 할지 방향마저 잃었다. 매일 같은 평행선을 끊임없이 걸어야 한다는 생각에 불안감까지 경험한다. 성공한 누군가와 비교라도 되기 시작하면 짧은 시간에 급격한 감정의 기복을 느낀다.

불안은 인간 존재의 기본적인 감정이며, 위험을 대비하거나 새로움을 준비하는 데 원동력이 된다. 그러므로 상담 주제에서 불안감은 항상 상위에 링크된다. 특히 성인기를 지나는 동안 다양한 심리 성장 시기가 되면 통과의례처럼 내가 잘 살고 있는지, 잘 가고 있는지에 대한 불안감이 극도에 다다른다.

우리는 반복되는 경험들 속에서 어느 정도 나이가 들면 마치 모든 것을 알고 있어야 하는 것처럼 착각한다. 하지만 우리는 수많은 변수 중 하나를 경험했을 뿐 인간은 언제나 첫 경험과 같은 삶을 살아간다. 그래서 늘 불안한 것인지도 모른다.

그러다 보니 내가 선택한 전공, 직장, 가족은 현명한 선택이었는지, 더 나은 선택은 없었는지, 지금 이렇게 사는 게 맞는 건지, 무엇을 어떻게 더 해야 하는지 등 다양한 질문을 던지게 된다. 더불어 심리적 갈등의 시기를 통과하면서 빠른 감정 기복, 좌절, 후회 등 다양한 부정 감정도 함께 나타난다.

○ ◑ ●

일잘러라고 해서 이러한 시기를 피해 갈 수는 없다. 마치 사춘기와도 같이 어느새 우리에게 찾아오는 자연스러운 갈등의 시기이기 때문이다. 이런 시기가 되면 일잘러들은 현재의 심리적, 환경적 요인을 점검하고 새로운 성장을 위한 준비를 시작한다. 그들은 심리적 성장통 과정에서 변화와 성장을 이끌기 위해 가장 중요한 작업이 자신과 환경 이해에 있음을 잘 안다. 더불어, 불안감은 잘못된 감정이 아니라 성장에 꼭 필요한 감정이며 이 과정이 삶을 다시 정립하는 기회를 만들어준다는 것을 그들은 머리와 마음으로 이해한다.

불안의 시기가 오면 다양한 부정적 감정이 생기지만 사실 이것들은 오히려 성장을 위한 '알람'과 같은 역할을 한다. 내 몸과 마음이 교통 정리가 필요하다는 신호 말이다. 이것은 새로움을 원한다는 시그널이다. 이러한 시기가 되면 일잘러는 성장을 위해 전문가를 찾아가 도움을 구한다.

그렇기에 일잘러와의 첫 만남에서는 '잘 오셨어요', '마음이 변화의 필요성을 느끼는 시기군요', '이렇게 마음이 느낄 때 찾아주셔서 감사해요', '성장을 위한 준비 단계는 문제라기보다는 기회라고 생각해요. 누구나 성장 단계에서 느끼는 경험이죠' 등의 인사말로 격려하곤 한다.

인생은 어느 시점에 내려지는 결론이 아닌 과정 자체다. 그 과정 중의 한 언저리에 있다면 그 자리가 또한, 새로운 시작점이 될 수 있다. 시작점에서는 늘 다양한 걱정과 불안을 느낄 수밖에 없다. 그럼에도 새로운 시작 시점에 서면 일잘러는 주변 환경, 자기 상태 등을 점검하고 기준과 방향을 설정한다.

앞으로 회사 상황, 상사나 동료의 성향과 관계, 전문성과 현재 위치, 진로의 방향성, 나에게 남아 있는 삶의 에너지, 가족 관계 등을 확인하면서 불안 요인과 해결책을 하나씩 찾아가 보려고 한다. 그렇다고 본인이 바꿀 수 없는 환경과 조건을 놓고 고민하거나 갈등하지 않는다. 내가 할 수 있는 것에 온전히 집중하며 현재에 충실하고 때를 기다린다.

당신에게도 현재의 불안감을 점검하고 새로운 성장의 기회를 잡으려는 간절함이 있을 것이다. 이제 책을 읽어가면서 고민과 불안의 기저들을 하나씩 정리하면서 성장을 위한 변화를 시작해보자.

02

내가 만든 스트레스가 더 힘든 이유

○
◗
●

"모든 직장인의 삶은 스트레스의 연속선상에 있다." 누구도 부인하기 어려운 말이다. 긍정적이든 부정적이든 스트레스는 늘 같이하며 살아 있는 동안 누구도 떨쳐 내거나 피할 수 없다. 그래서 스트레스를 받지 않고자 집중하기보다는 스트레스를 어떻게 관리할 것인가에 관심을 두어야 한다.

인류 시작 이래로 우리와 공생해온 스트레스는 생존을 위한 스트레스에서 출발해 현대 사회 적응을 위한 스트레스로 그 범위를 확대했다. 시간이 흐르며 끊임없는 욕구 충족을 위해 스스로 위협하고 얽어매면서 스트레스의 양상이 복잡해졌다. 다시 말해, 생존 과정의 외적 요인이 우리를 괴롭힌다기보다는 욕구 충족이라는 내적 요구가 우리를 더 힘들고 지치게 만든다. 나를 있는 그대로 바라보지 못하고 더 풍요롭고, 더 건강하고, 더 아름다워 보이는 타인과 비교한 상대적인 자기 모습을 기준으로 하면서 자생적으로 스트레스를 키워 나간다.

물론 탁월한 기준과의 비교는 일정 부분 나를 동기화하고 성장시킬 수 있는 긍정적eustress 스트레스로 작용한다. 어느 정도의 비교와 자기 객관화라는 스트레스가 없다면 우리는 자기 정체라는 쳇바퀴 안에서만 돌 수밖에 없기 때문이다. 하지만 이러한 비교가 과도해지면 정서적, 육체적 번아웃으로 이어지는 부정적distress 스트레스로 작용한다.

생존을 위한 외적 스트레스보다는 다양한 내적 욕구에 따른 스트레스로 우리는 조금씩 침몰해간다. 직장에서의 업무와 관계에서 오는 다양한 스트레스를 뜯어보면 그 근원에는 나 스스로 형성한 가치와 기준, 즉 자기 욕구를 통해 현상을 바라보면서 자생적으로 키운 스트레스가 많다. 내가 선택한 가치와 기준을 통해 다양한 현상을 판단하고, 그 기준과 현실 사이의 괴리를 '갈등'으로 인식하는 것이다. 그리고 그 갈등을 스트레스라고 규정한다. 옳고 그름도, 맞고 틀림도 아닌 현상일 뿐인데 내 욕구 충족에 미치지 못하면 우리는 이것을 스트레스로 인식한다.

이러한 갈등구조가 바로 현대인이 느끼는 스트레스의 근간이다. 그래서 우리는 스트레스 상황에 집중하고 힘들어하기보다는 내 가치와 기준 그리고 욕구를 조정하고 관리하는 것에 집중해야 하며 이것이 스트레스를 이해하고 줄이기 위한 가장 중요한 전략이다.

특별히 성취욕, 경쟁심이 강한 사람은 타인에 비해 훨씬 높은 수준의 스트레스를 경험할 수밖에 없다. 이것을 버려야 한다고 권하는 것은 아니다. 단지 내가 다양한 스트레스에 취약할 수밖에 없음을 인식해야 한다는 것이다. 그만큼 많은 시간과 에너지를 열정에 소비해야 하므로 판단 기준은 낮추고, 정서적 기반을 잘 형성해야 한다.

이처럼 내 가치와 기준 그리고 욕구 조정을 위한 첫 단계는 나를 이해하는 것이다. 이는 어떤 주제로 상담하든 간에 우선하는 과정이다. 이 단계가 어느 정도 진행되면 대부분 문제(스트레스)의 근원과 변화의 핵심 요인을 스스로 인지한다. 내가 살아온 배경, 부모의 양육 태도, 학습 경험, 주변 환경 등을 통해 오랜 시간 형성된 가치와 평가 그리고 판단 기준을 정확히 이해해야 자신만의 스트레스 근원을 정확히 이해할 수 있다.

왜 누군가에게는 아무렇지도 않은 일들이 나에게는 그렇게도 스트레스가 되고 힘든 걸까? 그건 내가 가지고 있는 삶의 가치 기준과 타인이 기준이 다르기 때문이다. 어떤 사람에게는 미치도록 보기 싫고 화가 나는 일들도 어떤 이에게는 아무렇지도 않은 것처럼 말이다. 이러한 진실을 마음으로 이해했다면 스트레스 관리에 절반은 성공한 셈이다.

일잘러 역시 하루하루가 스트레스의 연속이며, 잘하려고 노력하면 할수록 중압감이 커져가는 것도 안다. 그래서 그들은 스트레스 속에서 오랜 시간 고착화 된 욕구 기준을 융통성 있게 조절하려고 한다. 그들은 자기가 만든 욕구와 욕망이 때론 스스로 끝없는 갈등과 스트레스로 몰아간다는 것을 잘 안다. 그래서 때에 따라 기준을 낮추고, 이해도를 높이고, 시간을 조정하는 등의 전략을 통해 스트레스 상황에 유연하게 대처할 수 있어야 한다.

포인트는 내가 받는 스트레스를 어느 정도로 예민하게 인식하는지에 달려 있다. 일잘러들은 호흡이 불규칙하고 한숨이 나온다던가, 뒷목이 뻣뻣하고 근육이 경직되거나, 입맛이 없다거나, 아무렇지도 않은 일에 감정 통제가 잘되지 않고, 화가 자주 나는 상황 등으로 스트레스에 대한 신체 변화를 민감하게 감지한다. 이러한 스트레스에 노출되었을 때 내 몸이 어떻게 반응하는지를 빨리 인지하고 자발적으로 스트레스 관리를 시작한다.

하나를 가졌으면 하나는 버려야 할 때가 있다. 모든 것을 다 채우겠다는 욕심은 내적인 스트레스에 지속해서 양분을 공급한다. 모두 선택할 수 없다면 판단 기준이 명확해야 한다. 그리고 기준에 따라 하나를 얻었다면 다른 하나는 버릴 용기도 있어야 한다. 스트레스는 외부에 있는 것이 아니라 내부에 있다.

03

누군가의 평가가 두렵기만 하다면

○
◐
●

우리는 자의든 타의든 늘 평가받으며 살아왔고 지금도 평가에서 자유롭지 못한 삶을 산다. 부모로부터 시작된 평가는 친구, 교사, 직장상사 등 다양한 영역으로 확대되었고 우리 삶에 긍정 혹은 부정적인 영향을 준다. 문제는 내 삶의 평가 주체는 나 자신이 되어야 함에도 누군가의 평가를 구걸하며 매일 불안한 삶을 산다는 것이다. 삶의 주인공이 나 자신이듯 평가 주체도 이제는 내가 되어야 한다.

수준 차이는 있겠지만 태어나면서부터 우리는 부모로부터 오는 정서적 반응에 민감해야 했다. 유아기부터 부모와 안정된 애착 관계를 만들기 위한 생존 전략이었다. 눈치 보거나, 욕구와 본능을 숨길 필요 없이 자연스러운 행동과 그에 따른 반응 속에서 아이는 부모와의 애착 관계를 자연스럽게 만들어나간다. 이 시기에 부모는 자녀의 행동을 평가하지 않는다. 있는 그대로를 받아들이고, 자녀의 필요를 채워주기 위해 노력한다.

그러나 어느 정도 아이가 성장하면 부모는 자기 기준에 따라 자녀를 평가하기 시작하며, 같은 시기 또래나 선생 등으로부터 동시에 다양한 평가가 시작된다. 평가가 나쁜 것만은 아니다. 평가를 통해 자신을 객관적으로 바라보고 필요를 채우며 성장을 위한 동력으로 사용할 수 있기 때문이다.

문제는 누군가의 평가 기준을 마치 자기 것인 양 수용함으로써 갈등과 불안이 삶 속에 이어지는 것이다. 어린 시절이야 아직은 나를 만들어가는 시기이기에 불안과 갈등이 여전하다. 그래서 우리는 청소년기를 '질풍노도'의 시기라고 말한다. 이러한 시기를 지나면서 우리는 자기만의 평가 기준을 만들고 정서적으로 독립해간다. 이 과정에서 타인의 평가 기준은 참고 사항이며 필요에 따라 수용하거나 때론 가차 없이 버릴 수도 있다.

성인이 된 지금까지도 누군가의 평가가 나를 우선하고 그 테두리 안에 갇혀 말도 행동도 자유롭지 못하다면 우리는 아직 독립적인 존재로 자리를 잡지 못한 상태라고 할 수 있다. 누군가에게 넘겨준 나에 대한 평가와 인정에 대한 갈망으로 시간이 지날수록 무가치함과 자괴감은 차곡차곡 쌓이며 한 번뿐인 인생에서 실패감을 경험할 확률이 높아진다.

안타깝게도 이러한 삶의 갈등은 나를 사랑하고 아껴주었던 부모로부터 시작되었을 가능성이 높다. 즉, 부모가 아이 성향과 능력을 인정해주고 수용함으로 양육했는가 또는 아이 특성과 상관없이 부모의 판단 기준에 따라 강압적으로 양육했는가에 따라 평가에 예민해질 수도 있다. 부모의 양육 태도에 따라 사회에서 맞이하는 평가가 성장에 커다란 불안 요인이 될 수도 있다.

평생을 누군가의 기준을 맞춰 살아가다 보니 스스로 평가하고 인정할 기회를 잃어버렸을 수도 있다. 그렇다고 해서 나를 이해하고 자신에 대한 평가 기준을 만들 수 있는 기회가 사라진 것은 아니다. 오히려 바로 지금이 변화의 시작점이며 기준을 정립할 수 있는 가장 좋은 시간이다.

많은 직장인이 평가의 부담감과 불안감을 안고 상담실을 찾는다. 그들은 전문가와 상담하면서 나 자신을 찾고 누군가의 평가로부터 자유롭게 살아가기를 원하는 것이다.

그럼에도 그들은 여전히 누군가의 주관적인 평가에 한없이 작아지고 낮아진다. 거기서 벗어나려고 노력하면 할수록 삶은 불안해지고 평가에 예민해져 내가 서야 할 자리에 정작 나는 사라진 듯한 느낌을 받는다. 그들을 위한 내가 되어 가는 모습에 갈등은 해결의 여지가 보이지 않는다.

장년이 된 지금도 여전히 부모의 평가 한 마디에 감정이 흔들리고 결국은 그들이 원하는 대로 행동하는 자신을 보면 화가 나

1부 · 마음이 말을 걸어오기 시작했다

기도 한다. 왜 내가 원하는 생각과 방식이 있음에도 그분들의 방식을 따르는 걸까?

마찬가지로 회사 생활은 평가의 연속이다. 누군가가 아무 생각 없이 흘린 한 마디를 치욕스럽게 곱씹는다. 그러다 보니 늘 눈치를 봐야 하고, 평가자의 감정 변화와 말 한마디에 민감할 수밖에 없다. 이렇게 에너지를 탈탈 털리다 보면 직장생활의 하루하루가 불안의 연속이다.

답은 사실 간단하다. 눈치 보지 않고 내가 원하는 대로 생각하고 행동하면 된다. 더불어 누군가의 평가에 매달리지도, 그렇게 보이려고 노력하지도 않으면 된다. 내가 그렇게 한다고 해서 크게 달라질 것은 없다. 물론, 달라진 내 모습에 어떤 이는 이상하게 생각하거나 변했다고 여길 수도 있다.

하지만 그렇게 시간이 흐르다 보면 있는 그런 내 모습에 사람들은 조금씩 적응한다. 그러면 어느 순간 그들이 원하는 내 모습이 아닌 현재의 내 모습을 그들이 인정하고 받아들이게 된다.

직장이나 사회생활에서는 모든 것을 내 바람대로만 할 수도 없고 그래서도 안 된다. 필요에 따라 그들이 원하는 나를 보여주기도, 목적에 따라 회사가 원하는 방식과 기준대로 맞춰줄 때도 있다. 하지만 내 본질은 이해하고, 목적을 파악하며, 싫더라도 내가 원하는 것을 획득하기 위한 전략적 접근이 되어야지 내가 누군지도 모른 상태에서 하루하루를 누군가의 평가에 순응하자는 것은 아니다.

　물론 이것이 말처럼 쉽지만은 않다. 내담자 대부분은 내 모습을 평가하는 누군가의 시선을 여전히 두려워한다. 하지만 이러한 두려움을 벗어나지 못한다면 평생 나는 누군가에게 평가의 주도권을 넘겨준 채 다른 사람 노릇에 만족하며 살아갈 수밖에 없다.

○ ◐ ●

　일잘러는 늘 누군가에게 칭찬을 받으며 살아왔다. 그러다 보니 그들의 기대에 부응하기 위해 꽤나 많은 시간과 에너지를 쏟아부었다. 하지만 어느 순간, 그 칭찬이 진정 내가 원하고 바라던 칭찬이 아님을 깨닫기 시작했다. 그러면서 그들은 스스로 평가하는 것과 타인의 평가를 구분할 줄 알게 되었다. 이렇게 해야만 필요 없는 시간과 에너지 그리고 감정의 소진을 막을 수 있기 때문이다.

　그들은 남에게 평가를 구걸하지 않는다. 때론 누군가가 부정적으로 나를 평가했다고 해서 내 존재에까지 그 평가를 적용하지는 않는다. 즉, 일에 대한 평가는 일에만 국한하고 나 자신에 대한 평가로 받아들이지는 않는다.

　또한, 누군가의 평가를 객관적으로 바라볼 줄 알며, 그들이 생각 없이 던진 주관적인 평가에 연연하지 않는다. 필요한 평가를 겸허하게 받아들이되 때론 평가로 인해 짜증도 화도 나지만 되도록 빨리 잊는다.

누구에게도 완벽한 평가를 받을 수 없고, 그런 평가를 받기 위해 노력할 필요도 없다. 중요한 것은 누군가에 의해 만들어진 평가가 아닌, 있는 그대로의 나를 이해하고 인정해주는 것이다.

04

성공과 행복의 기준은 내 안에 있다

○
◐
●

성공은 누군가가 만들어놓은 공식에 의해서가 아니라 철저하게 내가 만든 기준을 따라야 한다. 하지만 많은 경우 누군가가 만들어놓은 성공의 기준 아래 끊임없이 비교되는 모습에서 인생의 성공과 실패를 논한다.

상담 전문가로 직장 안에서 만나는 많은 이들이 나만의 성공과 행복의 기준을 형성하지 못한 채 매일 실패와 자괴감을 경험하며 괴로워하는 모습을 보면 안타깝다. 가끔 찾아오는 슬럼프야 시간이 지나면 자연스럽게 치유 과정을 거치지만, 낮은 자존감이 삶의 기반이 된다면 매일의 삶이 지옥일 수밖에 없다. 그렇게 되면, 문제는 나뿐 아니라 주변의 에너지도 사정없이 갉아먹게 된다는 것이다.

인생의 '최애곡'을 고르라면 두 번 생각도 하지 않고 신해철의 〈나에게 쓰는 편지〉와 이승철의 〈아마추어〉를 선택한다. 〈나에게 쓰는 편지〉에는 누군가가 만들어놓은 성공과 행복의 기준에서 불안해하는 우리 모습이 그대로 담겨 있다. "전망 좋은 직장과 가족 안에서의 안정과 은행 구좌의 잔고 액수가 모든 가치의 척도인가 / 돈, 큰 집, 빠른 차, 여자, 명성, 사회적 지위 그런 것들에 과연 우리의 행복이 있을까 / 나만 혼자 뒤떨어져 다른 곳으로 가는 걸까 가끔씩은 불안한 맘도 없진 않지만."

인생의 성공과 만족 그리고 행복감은 어느 정도의 자존감을 형성했는가에 따라 크게 달라지는 것 같다. 우리는 어린 시절부터 다양한 경험을 통해 인생의 성공과 실패를 경험하면서 조금씩 성공에 대한 자신감을 쌓아왔다. 물론, 실패로 인한 아픈 기억이 없는 것은 아니지만 하나둘 쌓인 성공 경험치가 자신감을 키웠다. 그리고 이러한 자신감은 자존감을 안정적으로 자라게 하는 중요한 요인이 되었다.

결론적으로 인생의 성공과 행복은 자신감과 자존감을 기반으로 한 나에 대한 믿음이며 신뢰에 기반한다. 우리의 정서적 성장기에는 자신감과 자존감을 키울 수 있는 다양한 선택 경험이 그리 많지 않았다. 단지 대학 진학을 위한 학교 생활과 성적이 거의 유일한 통로였던 것 같다. 그것 외에 다양한 결정은 대부분 부모의 계획과 결정에 따라 이루어졌다. 그러다 보니 선택과 결정

직장으로 간 심리학자

에 대한 자신감이 현저하게 떨어졌다. 심하면 옷이나 음식 취향도, 취미도, 진로도 부모가 선택했다. 무엇을 먹을지, 어떤 것을 하고 싶은지, 어디를 가고 싶은지 등을 선택하고 결정할 충분한 경험이 우리에게는 허락되지 않았던 탓이다. 늘 부모를 비롯한 누군가가 선택해준 결정이었기에 내 선택에 확신이 없고, 누군가가 다시 한번 확인해주길 바라기도 했다.

그러다 보니 내가 무엇을 좋아하고 싫어하는지조차 확신하는 훈련이 되어 있지 않았다. 지금이라도 스스로 무언가를 선택하고 결정하고 싶지만 다양한 경험을 통해 쌓아 올린 믿음도, 자신감도 없으니 선택의 옳고 그름에 불안할 수밖에 없다. 이러한 불안 앞에서 우리의 성공과 행복 수준은 바닥을 보인다.

동료로서 능력 면에서 누가 봐도 인정할 만하지만 자신에 대한 믿음이 부족해 직장생활을 늘 부담스러워하는 사람이 있다. 업적과 능력, 태도를 아무리 인정받고 주변과 객관적인 비교도 해보지만 당사자는 늘 무언가 부족하고 아직은 멀었다고 한다.

이렇게 하루하루의 삶을 고민과 방황 속에 살다가 불행하게 끝내고 싶은가? 당연히 아닐 것이다. 지금 자신감과 자존감 수준이 바닥이라고 해서 앞으로도 그럴 것이라는 잘못된 믿음 체계는 폐기하자. 누군가가 만들어놓은 성공과 행복의 기준을 무작정 따라나섰던 과거 습관에서도 벗어나자.

누군가가 대신 결정해준, 완벽하지 않은 것을 찾아가기보다는 나 자신이 원했던 것들을 찾고 소소한 성공 경험들을 일상에서 하나씩 쌓아 올리자. 이러한 과정에서 나만이 줄 수 있는 긍정적인 피드백과 주변의 응원을 마음껏 받아 누려보자.

요리, 운동, 여행, 새로운 학습, 글쓰기, 관계 등 직장을 벗어나 성공과 행복의 새로운 성장 고리를 만드는 것이라면 무엇이든 시작해보자. 단, 처음부터 너무 높은 목표와 결과에 집중하다 보면 또다시 자존감에 상처를 입을 수밖에 없다. 한 단계 한 단계 과정에 만족하고 즐기자.

직장생활을 하며 꽤 가깝게 지냈던 40대 중반 후배가 어느 날 상담실을 찾아왔다. 생각이 복잡하다 보니 수면의 질이 급격하게 떨어지고, 집중이 되지 않아 꽤 힘든 시간을 보내고 있었다. 한 번쯤 인생에 대한 중간 정리를 해보고 싶다는 생각이 문득 들었단다.

그를 가장 힘들게 했던 것은 알 수 없는 답답함, 불안, 짜증 그리고 채워지지 않는 만족감이었다. 몇 주전 아버지가 돌아가시고 자기 삶을 돌아보면서 본인 역시 아버지처럼 다람쥐 쳇바퀴 인생을 살다 끝나는 건 아닌가 고민이었다. 그저 생계형 직장인으로 하루하루의 삶을 꾸역꾸역 이어가는 듯한 느낌이 싫었다. 그 역시 이 정도 열심히 살았으면 뭐라도 되어 있을 줄 알았다. 하지만 현실은 그렇지 않았고 백세 인생이 오히려 끔찍하게만 느껴졌다.

상담이 진행되는 동안 그는 생각을 말로 정리하는 시간을 가졌다. 문제의 원인을 찾아가는 과정에서 삶의 배경, 가치, 바람, 경험, 성격 등 그를 둘러싼 다양한 영역들을 차분하게 바라보는 자기 이해의 과정을 거쳤다. 한 번도 해보지 않았던 작업이라 처음에는 낯설었지만, 어느 순간 문제의 근원을 직면하게 되면서 변화를 위한 첫걸음을 시작했다.

그가 찾아낸 불만족의 근원은 단단한 기준과 목표 없이 표류했던 시간에 있었다. 최선을 다했다고 해도 자기 자신을 평가할 기준이 없었기에 불안하고 답답할 수밖에 없었다. 기껏해야 안정된 직장을 얻으려고 달려왔지만, 그 이후 방향이 없으니 성장에 대한 만족은 채울 수 없었던 것이다. 문제의 원인을 파악하기 시작하면서 후배는 수많은 잡념과 걱정으로부터 어느 정도 해방된 듯했다. 삶의 어느 시기에 누구나 경험하는 성장 과정이라는 것을 알았기 때문이다.

문제를 이해했다면 이제 다음 단계로 넘어간다. 전문가와 내담자는 그동안의 상담 과정을 기반으로 다시금 변화를 이끌기 위한 실행 가능한 행동을 합의한다. 이 과정에서 후배는 변화의 기반이 될 수 있고, 하루하루의 삶을 평가할 수 있는 '인생 키워드'와, 에너지를 쏟아부을 수 있는 '관심 키워드' 3개를 각각 도출하는 것을 목표로 잡았다.

'인생 키워드'는 선택이나 판단 기준이 되며, 자기 평가의 잣대가 된다. 잘된 것을 칭찬하고, 잘못된 부분을 어떻게 바꾸어 나갈 것인가를 가이드한다. 더불어 '관심 키워드'는 직장생활 넘어 어떤 새로움에 도전할 것인가와 관련해 인생 목표를 잡아 나가는 길잡이가 된다.

상담한 지 7년이 지난 지금도, 그는 선택한 키워드들을 조금씩 정교하게 만들고 하나씩 일궈 나가기 위해서 애쓰고 있다.

○ ◑ ●

일잘러들 역시 우리가 겪어왔던 삶과 비슷한 삶을 살았다. 삶의 어느 한구석은 늘 불안하고 공허하며 성공과 행복에 대한 확신이 없는 것도 비슷했다. 내가 만든 성공과 행복의 기준이 확실하지 않기에 하루하루의 삶을 만끽하지 못한다는 느낌을 지울 수가 없었다.

하지만 그들은 지금이 변화의 시작임을 확실히 알고 있다. 과거에 매달리는 것이 아니라 지금부터 삶의 성공과 행복의 기준을 세우기 위해 다양한 경험치를 끌어올린다. 누군가가 만들어 놓은 삶의 기준에 치여 살지 않고 자신만의 성공과 행복의 기준 아래 자족하는 법을 배운다.

어차피 삶이 다하는 날까지 지적으로, 정서적으로 성장해야 하는 존재이기에 하루하루의 성장에 만족하며 지속해서 자신을 계발한다. 자신감도, 자존감도, 이를 기반으로 한 삶의 행복감도 더 이상 먼 곳에서 찾지 않는다. 그렇게 불안하고 공허했던 삶이 어느 순간 무언가로 채워지고 성장한다는 느낌을 받는다.

누가 평가하는가가 중요한 게 아니라 내가 그렇게 평가할 수 있어야 한다. 놓치지 말아야 할 것은 여기서부터가 또 다른 시작이라는 것이다. 다시 시작되는 삶에서 성공과 행복의 기준은 오롯이 나만의 것이어야 한다. 지금부터 소소한 것에 대한 자신감을 쌓아보자. 그 기반을 가지고 새로운 삶을 준비하고 나만의 성공과 행복에 한 걸음씩 다가가보자.

05

'착한 사람 되기'보다 더 중요한 것

○
◐
●

우리는 타인을 위한 배려를 그 누군가를 위한 것이라고 생각한다. 하지만 그 배려는 사실 그들이 아닌 나를 위한 행동이었을 가능성이 크다. 착한 사람, 배려하는 사람, 성실한 사람, 잘 들어주는 사람, 최선을 다하는 사람, 희생하는 사람 등 누군가에게 긍정적 이미지로 보이게 하려는 모습…. 문제는 이러한 희생과 배려 뒤에는 손해나 억울한 감정이 밀려들 경우가 많다는 것이다.

　물론 때에 따라 누군가를 위한 배려가 큰 기쁨이 되기도, 삶의 중요한 보상이 되기도 한다. 하지만 나에 대한 배려가 늘 후순위가 되는 삶에는 그만큼 갈등이 뒤따를 수밖에 없다.

　타인에게 어떤 사람으로 비치고 누군가에게 어떻게 평가되는지는 경험과 학습을 통해 형성된 자기 가치와 기준이 있어야 정확한 판단이 가능하다. 이 가치와 기준에는 타고난 성향을 기반으로 어린 시절 부모의 양육 태도, 가족, 친구, 교사의 의견 등이 반영된다.

이렇게 형성된 삶의 가치와 기준을 지키기 위해 우리는 부단히 노력하고 이에 따른 정당한 평가를 받고 싶어 한다. 남을 위한 배려 역시 내 삶의 기준을 지키고, 그렇게 평가받기 위한 행위이기에 정확히 하자면 1차적으로는 나를 위한 것이지 누군가를 위한 것은 아닐 수 있다. 그래서 어차피 나를 위한 배려라면 무조건적 희생이 아닌 내가 원하는 방식으로 해야 한다.

상담하다 보면 오히려 삶을 어렵고 지치게 만드는 가치와 기준을 가지고 살아가는 사람이 많다. 바로 '착한 사람 증후군'이다. 누군가로부터 착하고 좋은 사람으로 평가받고 싶어 하는 이 증상은 수준 차이는 있겠지만 우리 대부분 가지고 있다. 우리는 누군가로부터 '너 때문이야'라는 원망을 듣기 싫어한다. 그러다 보니 불편한 상황이 되면 주저할 것 없이 어렵고 힘든 일을 스스로 떠맡는다. 차라리 내가 힘들고 말지, 상황이 불편해지고 누군가로부터 원망을 듣는 걸 싫어하는 마음이 더 앞서기 때문이다.

이 증후군은 유전 가능성도 커서 우리 부모 역시 착한 사람 증후군에 시달렸을 가능성이 매우 크다. 그들은 남을 배려하고 착한 아이를 키우는 부모라는 모습으로 평가받기 위해 노력했고, 그 결과 우리 역시 어느새 '착한 사람 증후군'에 갇히게 된 것이다.

무언가를 빌려줘야 하는, 누군가의 일을 대신 해야 하는, 남들이 꺼리는 일을 맡아야 하는 상황이 되면 나보다는 누군가를 먼저 배려해야 한다는 강박이 강하게 나타난다. 그러다 보니 타인의 필요와 욕구 그리고 감정 등은 먼저 챙기면서도 나에 대한 배려에는 인색하다.

그들은 업무 우선순위를 나눌 때도, 성과 기여도를 따질 때도, 휴가를 챙길 때도, 금전 문제가 생길 때도 자기를 드러내고 자기 이야기를 하기보다 누군가의 이야기를 듣고, 그들의 감정에 예민하며, 우선해서 상대의 욕구를 배려한다. 문제는 누군가를 항상 챙기고 배려했음에도 자기 생각과는 정반대가 돌아온다는 것이다. 이런 모습을 악용하는 누군가도 주변에 늘 있다.

자신을 희생하며 누군가를 배려했음에도 그들은 "당신이 원한 것 아니었어?", 갑자기 왜 그래?", "그게 아니면 미리 얘길 하지", "이미 이렇게 된 거 한 번만 더 참자" 등의 대답을 듣기 일쑤다. 가끔 이러한 상황에 억눌렀던 감정을 폭발이라도 하면, 오히려 감정을 이기지 못하는 이상한 사람이 되기에 억울하고 화나지만 달리 표현할 길이 없다.

가끔은 내 선의가 의도와 다르게 전도되거나 이기적인 누군가로부터 철저하게 이용당하는 상황이 되면 삶의 가치와 기준은 뿌리까지 흔들린다. 배려, 질서, 정의 등 내가 그렇게도 지키려던 가치와 정반대되는, 철저하게 자기 중심적이며 배려 없는 누군가를 보면서 '나는 왜 도대체 이렇게 살고 있는지'라는 생각에 자괴감마저 든다.

○ ◕ ●

일잘러들 역시 누군가를 배려하고 소위 말하는 '착한 사람'이 되길 바라며 성장했고 어느 순간 그들도 착한 사람 증후군이라는 감옥에 갇혔다. 억울함과 부당함으로 인한 삶의 불균형을 지속해서 경험하게 된 그들은 어느 순간 삶의 가치와 기준을 새롭게 정립해야겠다고 결심한다.

일잘러들은 배려가 타인을 위한 희생이 아닌 내가 만든 감옥임을 깨달았다. 그래서 나를 희생하면서까지 남을 배려하기 보다 나를 우선시해야 한다는 새 기준을 정립한다. 누군가에게 일 잘하는 사람, 항상 배려하는 사람, 무엇을 부탁해도 들어주는 사람으로 평가되는 착한 사람이 되기보다는 있는 그대로의 모습에 충실하기로 했다.

누군가를 위해 그토록 쌓아왔던 희생과 배려는 내가 만든 감옥이었다. 누군가가 만들어놓은 착한 사람이라는 감옥에 갇혀 결국은 나를 위한 최악의 선택을 하게 됐다는 진실을 깨닫는 순간 더 이상 무조건적인 배려라는 희생은 의미가 없었다.

물론, 변화 과정이 순조롭지만은 않다. 때론 마음이 불편하고, 누군가가 어떻게 생각할지가 신경 쓰이기도 하며, 변했다는 말을 참아내야만 했다. 그럼에도 새로운 가치와 기준을 따라가기 위해 그들은 참고 버터야 한다.

굳이 착한 사람이 되려고 할 필요는 없다. 그저 내 모습에 충실하고 그것으로 만족하면 된다. 그럼에도 할 때는 확실하게, 줄 때는 가능한 범위 안에서, 배려할 때는 나를 우선 배려해야 한다. 누군가를 배려하고 위한다는 것이 결국은 나를 위한 것이기에 무조건적인 희생이 아닌 나를 위한 배려를 만들어보자.

06

힘들 땐 힘들다고 말해야 살아!

○

◐

●

인간이 가지고 있는 감정은 어느 것 하나 '옳고 그름'의 기준으로 평가될 수 없다. 기쁨과 슬픔도, 좋음과 나쁨도, 즐거움과 슬픔도, 낙심, 무서움, 근심 등도 자연스러운 인간 감정이다. 감정은 숨기거나 무조건 인내할 대상이 아니라 어떻게 세련되게 표현할 것인가의 문제인 것 같다. 하지만 많은 직장인이 그들이 지닌 다양한 감정을 숨긴 채 조금씩 마음을 닫아버림으로써 스스로 마음 병이라는 감옥 속에 가둔다.

이른 오전부터 출근 후 얼굴이 벌겋게 달아오를 정도로 밀려오는 일들을 처리한다. 한꺼번에 몰려오는 두세 가지 업무를 효율적으로 처리하기 위해 무언가가 마무리되기도 전에 급하게 해결할 또 다른 업무를 화면에 띄운다. 여기 조금, 저기 조금 급하게 일을 처리하다 보면 얼마나 많은 에너지를 사용했는지 입에서 단내가 나고 몸은 열이 올라 후끈거린다.

급격한 업무 쓰나미가 몰려온 뒤 편두통과 온몸이 뻐근해지는 피로감에, 이러다가 단명하는 건 아닌지 슬슬 걱정이 된다. 원래 직장생활과 일이 그런 거라고 하는 사람도 있겠지만 이러한 삶이 반복되다 보면 피로는 임계치를 넘어갈 정도로 쌓이고 몸과 마음은 소진으로 인해 고통스러울 수밖에 없다.

직장생활에서만 이렇게 몸과 마음의 고통을 겪으면 그나마 다행이다. 부부, 자녀, 가족이 때로는 스트레스의 근원이 되어 하루하루의 삶을 지옥으로 만들기도 한다. 정서적으로 서로 지지하고 사랑을 주고받아야 함에도 삶은 늘 겉돌고 행복과는 너무나도 거리가 먼 하루하루가 계속된다. 누군가와 이야기를 나누고 싶어도 가족 이야기라 털어놓을 수도 없고, 흉이 될 것 같아 속으로만 삭인다.

회사라는 조직에 소속된 임직원을 대상으로 마음과 정신 건강에 대한 전략을 수립하고 실천 과제를 만들다 보니 직장인으로 주변에서 겪는 다양한 마음 고통을 접한다. 직장 내 갑질, 왕따 등도 큰 문제지만 무엇보다 마음 아픈 것은 부부 갈등, 가족 문제 등으로 고통받는 직장인들이 생각보다 많다는 것이다.

안타깝게 스스로 극단적인 선택을 하는 경우는 대부분 해결되지 않은 다양한 문제 속에서 회사, 지인, 가족 그 누구에게도 고통을 알리고 도움을 받지 못했기 때문이다. 물론, 극단적인 선택의 원인을 하나로 정리할 수는 없다. 하지만 죽는 게 더 편할 것 같은 고통 속에서 누군가의 지지나 전문가의 도움을 받지 못해 결국은 그런 선택을 하는 경우가 많다.

왜 우리는 자기 삶에 마침표를 찍을 정도의 힘들고 고통스러운 순간에도 누군가에게 도움을 청하지 않는 걸까? 고통스러운 삶을 힘겹게 하루하루 이어가면서도 엉망이 되어 있는 자기 마음 상태를 제대로 인식하지 못해서일까?

요즘에야 부모가 성별에 따라 아이를 차별하지 않으며, 아이에게 공감하고 감정에 충실하게 반응하려고 노력하는 편이다. 하지만 여전히 성별을 구분하는 태도가 존재하고, 자연스러운 감정을 이해해주지 못하고 억누르거나 무조건 틀렸다고 하는 경우를 종종 본다. 때론 아이에게 한없이 강함을 요구하고, 두려움과 불안 감정을 받아주지 않고 상황에 따라 표현되는 자연스러운 감정을 잘못인 것처럼 반응한다.

그러다 보니 어느 순간 누군가에게 약함을 보여서도, 약점을 드러내서도 안 되며, 슬프고, 불안하고, 우울하다는 감정도 표현해선 안 된다는 무의식이 차곡차곡 쌓인다. 이렇게 성장한 그들은 삶에서 겪는 다양한 고통의 순간에 자연스럽게 느끼는 감정들을 억누른 채 되도록 평소와 같은 모습을 유지하려고 노력한다. 힘들고, 불안하고, 두려우며, 몸도 마음도 지쳐 더 이상의 걸음을 내딛기가 어려움에도 말이다.

사람마다 차이는 있겠지만 살다 보면 버거운 환경도, 능력 밖 상황도, 감당하기 어려운 일도 경험한다. 이럴 때면 몸도 마음도 힘든 것은 당연하며, 인간이기에 겪을 수밖에 없는 자연스러운 현상이기도 하다. 힘들고 어려운 환경을 대면하면 대부분 아프다고, 어렵다고 표현하며 누군가의 정서적인 지지와 도움을 청하기도 한다.

하지만 어떤 이들은 본인이 감당할 수준을 넘어서는 심리적 고통 속에서도 아픔을 표현하거나 도움을 청하지 않는다. 이러한 고통의 시간이 짧고 깊지 않아 한고비를 잘 넘어갈 수 있으면 좋겠지만 대부분 고통은 그렇게 쉽사리, 빠르게 지나가지 않는다. 내 힘으로 해결할 수 없는 삶의 고통이 한두 해 지속되다 보면 정상적인 생각이 어려워지는 인지적 부조화를 경험한다. 이렇게 위험한 상황이 되면 어느 순간 삶을 마감하고 싶다는 극단적인 생각이 멈추질 않게 된다.

나름대로 남부럽지 않은 안정된 직장에서 평범하게 살아가는 그들이 왜 우울증과 불안함에 시달리며 극단적인 생각을 하는지에 의문을 던지는 사람이 있을 것이다. 하지만 직장이 마음에 들고 평범하게 살아간다고 해서 삶의 고뇌가 자동적으로 해결되거나 생활이 안정적으로 달라지지 않는다. 그러면서도 그들은 조직, 가족, 사회의 기대치를 한꺼번에 받고 있기에 더 무거운 의무와 책임감을 안고 하루하루 살아간다.

이런 그들은 직장이 있다는 이유로, 건강하단 이유로, 생활력 있다는 이유로, 젊다는 이유로, 잘할 거라고, 잘 버틸 거라고, 괜찮을 거라고, 그들이 필요하면 알아서 도움을 요청하리라는 기대로 소외를 겪는다. 아파도 젊으니까 참아야 하고, 어려워도 직장이 있으니 잘 버텨야 하고, 몸과 마음이 힘들어도 젊고 건강하니 참아야 했다. 열심히 살아가며 좋은 날을 꿈꾸며 버텨보지만, 다양한 복지에서는 오히려 소외당하는 느낌이다. 그들이 잘 버티고, 잘 이겨 나갈 거란 생각은 이제 그만했으면 좋겠다.

다행히도 임직원의 마음을 조금 더 깊이 어루만지기 위해 CHO Chief Health-Care Officer라는 포지션도 생기면서 몸과 마음을 통합적으로 관리하는 시스템이 조직 안에 만들어지기 시작했다. 더불어 WHO, OECD, ILO 등의 국제기구는 임직원의 정신건강에 대한 심각성을 인지하고 다양한 전략을 만들어 구체화하고 있다. 하지만 평범한 직장인이 체감하기엔 아직은 너무나 먼 이야기처럼 들린다.

○ ◑ ●

일잘러들은 몸과 마음을 챙기는 것에 민감하다. 다양한 루트를 통해 그들과 이야기하다 보면 스트레스나 피로 등을 통해 전달되는 심신 변화에 민감한 편이며 그로 인해 삶의 속도를 조정할 줄 안다. 더불어 불쑥불쑥 올라오는 감정을 인지하고 이해하기에 필요에 따라 상대가 상처받지 않는 수준으로 자신의 감정을 조금씩 표출하기도 한다.

쌓이는 피로와 심리적 고통이 감당할 수준을 넘으면 전문가로부터 도움을 구한다. 때론 심리 상담과 정신건강 의학의 도움을 받으며 필요에 따라 상담과 약물치료를 병행하기도 한다. 물론, 누군가에게 도움을 구하거나, 약함을 표현하는 것이 쉽지는 않다. 하지만 그들은 어느 순간 찾아온 벗어날 수 없는 고통의 늪이 생각보다 깊다는 것과 그 늪을 빠져나오는 과정에서는 누군가의 도움이 절실하다는 것을 알고 있기에 불편함에도 자기감정을 표현하기로 선택한다.

더불어 스스로 관리하고 통제할 수 있는 영역을 만들기 위해 최선을 다한다. 시간을 잘 쪼개 휴식을 확보하고, 보고 시기를 조절하며, 필요에 따라 업무를 잘 분장한다. 때론 몸 상태를 확인하고 휴가라는 여유를 잘 활용하기도 한다. 쉬울 것 같지만 일이 밀리고 쫓기는 상황에서는 그런 결정이 쉬운 게 아니다. 하지만 그들은 자신을 아끼고 챙기는 삶을 최우선순위에 둔다.

이제 우리는 아프면 아프다고, 힘들면 힘들다고, 지치면 지친다고, 쉬고 싶으면 쉬고 싶다고 말하고, 울고 싶을 땐 울 수 있어야 한다. 더불어 누군가의 도움이 필요하다면 도움을 요청할 줄도 알아야 한다. 이렇게 표현하는 것이 결코 나약하거나 창피한 일이 아님을 이해하는 조직이 되었으면 한다. 일처리를 돕고 탁월한 성과를 내기 위해 다양한 조직문화와 제도가 필요한 것처럼, 임직원의 마음과 정신건강을 깊이 있게 다루고 치유해가는 기반이 마련되었으면 한다.

07

값싼 위로가 더 위험하다

○
◐
●

가족의 죽음, 치료가 어려운 자녀의 질병, 이혼, 직장 내 괴롭힘, 재정적 어려움 등 이럴 수도 저럴 수도 없는 극도의 스트레스로 삶의 기반까지 흔들리고 차라리 죽는 게 나을 것 같은 상황을 경험할 때 우리는 무엇을 원하게 될까? 더불어 누군가가 나에게 죽을 것만 같은 삶의 고통을 이야기할 때 과연 무슨 말을 어떻게 해줄 수 있을까?

물론, 상황이 최악으로 치닫지 않도록 막아주면 가장 좋겠지만, 우리에겐 그럴 능력이 없다. 그저 듣고 공감하며 함께 울어줄 수밖에 달리 방법이 없다. 공감 없는 위로나 내가 모든 상황을 잘 아는 것처럼 값싼 답을 던지지만 않았으면 좋겠다.

우리는 내 능력 안에서 어떻게 할 수 없는 불가항력적인 일을 종종 경험한다. 천재지변, 금융위기, 코로나와 같은 감염병, 갑작스러운 사고로 인한 가족의 사망 등 뉴스에서 접할 법한 이야기가 어느 순간 내 이야기가 된다. 이 정도는 아니더라도, 가족, 부부, 자녀 문제나 갑작스러운 실직, 쉴 없는 연장 근무, 직장 괴롭힘 등 살면서 되도록 만나고 싶지 않는 사건을 경험한다.

이렇게 크고 작은 삶의 위기를 겪을 때마다 우리는 정서적으로 지지해줄 누군가를 간절히 원한다. 그래서 주로 지인이나 가족을 찾게 되고 회사 내 갈등은 동료나 선배를 찾는 경우가 많다. 어느 정도 문제에 대한 이해와 공감이 필요하기에 갈등 상황에 따라 적합한 사람을 의지하고 싶어 한다.

혼자 버틸 만큼 버티다가, 어느 순간 누군가와 이야기를 하지 않으면 스스로 통제할 수 없을 것 같은 두려움이 몰려온다. 한계를 넘어서면 간절한 마음으로 누군가에게 이야기를 꺼낸다. 답이 필요한 것도 아니다. 그저 이야기를 들어주고 진심 어린 공감만 있으면 된다.

한편으로 우리에게는 답을 찾아주고 싶은 욕구가 있다. 그저 옆에 있으면서 잘 들어주면 될 텐데, 오히려 내가 더 많은 말을 뱉어낸다. 문제의 답을 이미 아는 것처럼 상황을 판단하고, 결론을 내린다.

죽을 것 같은 아픔과 두려움 그리고 외로움이 더해져 지푸라기라도 잡고 싶은 심정에 더 큰 상처로 남는다. 제대로 하소연 한

번, 내면의 갈등 한번 이야기하지 못했건만 옳고 그름, 잘잘못을 가르는 누군가의 판단은 가뜩이나 아픈 마음에 더 날카로운 송곳으로 다가온다.

우리는 자주 세상의 중심이 자기 자신이며 몇몇 경험으로 다양한 질문과 상황에 대한 답을 아는 것처럼 착각한다. 그러다 보니 누군가의 어려움을 보고 들으면 값싼 조언과 판단을 너무나 쉽게 던진다. 하지만 그들 역시 늘 삶의 위기와 갈등을 경험한다. 누구든 세상의 모든 변수를 알지도, 알 수도 없고 단지 내가 경험한 단편적인 경험과 지식뿐. 이런 타당성과 신뢰성 없는 편협한 기준으로 어떻게 누군가를 판단하거나 조언이나 답을 던질 수 있을까?

물론, 누군가를 위로해주거나 돕고 싶은 마음 자체는 좋다. 하지만 위로와 도움은 내가 원하는 방식이 아닌 정말 도움을 받고 싶어 하는 사람이 원하는 방식이어야 한다. 그러므로 우리가 누군가를 위로해야 할 상황이 생긴다면 잘 듣는 것과 깊이 있게 공감해주는 것이 가장 중요하다. 생각 없는 판단과 조언이 누군가에게 얼마나 큰 상처가 되는지와 힘들고 괴로운 누군가에게 자기 과시를 한 것밖에는 안 된다는 사실을 잊어선 안 된다.

힘든 고통의 시간을 보내는 누군가가 그토록 함께하고 싶은 사람은 문제를 정리해주고 답을 찾아주는 사람이 아니다. 그들은 그저 옆에 있어주고, 이해해주고, 들어주는 사람을 간절히 원한다. 이미 죽을 것만 같았던 아픔의 시간에 판단과 답을 찾아주려 노력하는 사람들로부터 많은 상처를 경험했다. 잘잘못을 따지고, 섣부른 판단을 통해 아픈 상처에 더 커다란 아픔이 남았다.

누군가가 죽을 것만큼 힘든 상황에서 위로해줄 대상으로 당신을 선택했다면 당신은 그로부터 선택받은 사람이다. 그렇다면 어떻게 하는 것이 최선의 방법인가를 고민해야 한다. 이 고민의 핵심은 어떻게 귀와 표정과 행동을 통해 전심으로 들을 것인가 그리고 상대방이 감동할 정도로 공감할 것인가에 있다.

○ ◑ ●

일잘러들은 상대적인 아픔과 고통은 누구도 완벽하게 이해할 수 없고, 어떤 답도 생각처럼 도움이 되지 않음을 경험으로 이해한다. 결론은 자신이 내릴 것이고, 우리는 듣고 공감하는 데 집중하면 된다. 누군가를 가장 잘 돕는 길은 그저 잘 듣고 진심으로 공감하는 데 있다.

일잘러들은 자기 한계를 알고 있기에 잘 듣기 위해 경청과 공감을 배운다. 이왕이면 제대로 듣기 위해서이다. 애절한 마음으로 상대의 눈을 바라보고, 공감하는 부분에서 고개를 끄덕이며, 어떤 이야기를 들었는지 중간에 맞추어보고, 필요에 따라 적당한 질문도 던진다. 값싼 동정, 판단, 생각 없는 답을 말하지 않으려고 노력한다. 온전히 듣는 것에 집중하고 공감에 에너지를 쏟는다.

　죽을 만큼 힘든 시간을 보내는 누군가는 삶이 버거워 극단적인 생각을 할 수도 있다. 만약 직감적으로 신호가 온다면 최대한 빠르게 심리 전문가에게 도움을 받을 수 있도록 도와야 한다.

　전문가는 심리 상담 과정에서 경청과 공감을 가장 중요하게 생각한다. 이것이 효과적이어야 상담이 성공적으로 진행될 수 있고 그만큼 만족을 경험할 수 있기 때문이다. 내담자는 이미 누군가로부터 많은 상처를 경험했기에 그들이 마음 편하게 이야기할 수 있는 조건을 마련해주어야 한다. 가장 중요한 것은 잘 들어주고, 공감하는 것임을 잊지 말자.

2부

성장형 인간으로 살아가기

직장은 단지 생계 수단이 아닌 성장을 위한 발판이자 도구가 되어야 한다. 그래서 우리는 '생계형 직장인'이 아닌 '성장형 직장인'이 되어야 한다.

이를 위해서는 전략이 있어야 하며, 전략에 따라 익숙한 것과 이별하고 변화를 수용할 마음 준비가 필요하다. 하지만 변화는 생각보다 훨씬 어렵다.

그럼에도 변화를 선택했다면 다음 시간과 공간에 대한 더 많은 고민과 더 큰 그림이 준비되어야 한다. 더불어 나만이 아닌 누군가와 함께라는 공존 또한 잊지 않았으면 한다.

08

최선을 다하지 말라

○
◐
●

"옷차림도 전략이다"라는 의류 브랜드 광고 카피가 문득 생각났다. 옷차림이 전략이듯 연예도 전략적이어야 한다. 어떤 이들은 사랑은 순수한 영역이라고 강조하지만, 연애를 통해 사랑을 만들고 가꾸려면 사랑이야말로 전략적이어야 한다. 여기서 연애 대상은 꼭 사람만은 아니다. 직장생활이 삶의 도구로, 진로 과정으로서 안정적이려면 직장도 연애와 같이 철저하게 전략적으로 접근해야 한다.

어느 날 마음을 설레게 하는 이성이 생기고, 소위 '사귀고 싶다'라는 생각이 들면 삶의 많은 에너지가 상대방을 향하기 시작한다. 그가 좋아하거나 싫어하는 것을 함께 확인하고, 자주 가는 곳을 파악하며 가족이나 지인 관계 등 되도록 많은 정보를 알고 싫어 한다. 이렇게 잘 모인 정보를 기반으로 상대가 좋아하고 원하는 태도와 방식을 통해 조금이라도 공감 수준을 높이려고 노력한다.

그러다 보면 어느 순간 상대방의 눈에도 내가 보이고, 서로에게 어느 정도 호감이 있다면, 조금은 어렵더라도 연애를 시작한다. 그런 다음 조금이라도 같은 공간에 머물고 싶고, 다양한 경험을 함께하고 싶어 한다.

이렇게 연애가 시작되면 어색하고 불편했던 초기 감정과 행동은 조금씩 사라지고 편안한 느낌이 든다. 물론, 이 과정에서 다양한 노력이 필요하다. 상대의 언어와 표정 등을 통해 감성을 확인하고 이에 따라 어떻게 반응해야 할지를 결정하며, 때로는 상대방을 행복하게 하기 위해 다양한 이벤트를 준비한다. 이 모든 생각과 행동에는 상당한 시간과 에너지가 필요하지만 우리는 힘들어하거나 포기하지 않는다.

어느 정도 관계가 깊어지고 연애 시간이 길어지면서 즐겁고 마냥 행복하기만 했던 시간은 조금씩 지나간다. 그러다 보면 때론 상대의 장점보다는 단점이 먼저 보이고, 의견 차이에 다투기도, 섭섭함을 직설적으로 표현하기도 하며, 다른 사람과의 시간을 조금씩 그리워한다. 이런 과정들이 한없이 부정적인 것만은 아니다. 서로에 대한 사랑과 믿음 안에서 다양한 희로애락의 감정이 공유되는 때이기 때문이다. 한없이 기쁘고 즐거운 감동, 아련한 그리움, 함께해서 행복하다는 존재감 등이 섞이는 것이다.

연애 흐름을 살피다 보니 직장생활이라는 게 왠지 연애 과정과 유사하다는 생각이 들었다. 즐거움과 행복감, 시간과 에너지, 아픔과 상처가 공유된다. 성장에 대한 기쁨과 즐거움과 함께, 아픈 상처도 배신감도 겪을 수 있다. 연관성을 찾다 보니 직장생활에도 사랑의 전략이 필요하다는 생각이 든다.

사실 우리는 그렇게까지 연애에 전략적이지 못했다. 누군가에게 배우지도, 체계적이지도 못했다. 그저 좋아한다는 감정에 앞서 앞뒤 가리지 않고 자기 방식에 맞춰 상대방에게 접근했다. 그러다 보니 서로에게 상처 주는 일도, 별일 아닌 일에 많은 감정을 소비하기도 했다.

옛날로 돌아가 다시 연애를 시작한다면 조금 더 상대를 이해하고 공감하며 그가 원하는 방식을 찾아 맞추게 될 것 같다. 일방적인 시간과 에너지 소비가 아닌 선택과 집중을 통한, 조금은 더 관리된 방법대로 관계를 풀어갈 수 있을 것 같다.

우리의 직장 현주소는 어떤가? 여전히 전략적이지 못한 과정을 동일하게 반복하고 있진 않은가? 그저 내가 하는 방식대로 자신과 조직을 위해 최선을 다하면 된다는 태도를 지속하고 있진 않은가? 인생에서 많은 시간과 에너지를 쓸 수밖에 없는 직장에서 나는 얼마나 전략적으로 일을 처리했고, 사람을 상대했는가?

그저 내 기준과 방식에 따라 열심히만 하면 사랑이 이루어질 것처럼, 그렇게 일하면 직장생활에서 늘 좋은 평가를 받고, 관계가 좋으며, 인정받는다고 착각하진 않았는가? 나름대로 최선을 다하고 많은 것을 희생했다고 생각했는데 누구도 알아주지 않아 섭섭하지는 않았는가?

사람 좋고, 능력도 준수하다고 평가받는 30대 후반의 후배가 상담실을 찾았다. 경력직으로 입사해 6년이라는 시간이 흘렀고 많은 프로젝트를 성공적으로 수행한 그였다. 이직을 결정해야 할 중요한 시점에 있는데 나와 이야기하며 결론을 내리고 싶어 했다.

사실 전 직장에서도 동일한 문제로 퇴사를 결정했다. 입사 초기부터 연차에 맞지 않게 많은 프로젝트를 수행하다 보니 몇 개의 프로젝트에 동시에 참여했다. 하나라도 더 배운다는 생각에 불편한 기색 없이 버텼지만 생각해보니 자신은 늘 조연에 불과하다는 생각을 떨칠 수 없었다. 고생한 만큼 특별히 챙겨주는 일도 없었다. 성취에 대한 평가와 보상이 부족하다 보니 점점 일에 대한 흥미도, 동기도 사라지기 시작했다. 주변을 둘러보니 자기만 정신없이 달리는 것 같았다. 다들 팀 회식에 가 있는데 나 홀로 밀린 일을 처리하고 있자니 급격히 '멘붕'이 왔고 이후 퇴사를 결심하게 되었다. 그리고 새롭게 시작한 직장생활에서는 그렇게 하지 않겠다고 다짐했지만 6년이 지난 후에도 고민과 갈등은 달라진 게 없었다. 성격이 내향적이라 관계에 적극적이지는 않았다. 그렇다고 외톨이 유형도 아니었다. 말이 많지는 않았지만, 관계도 다양했고, 인격적인 지지 기반도 있었다.

상담이 진행되는 동안 몇 가지 가설을 검증하면서 무언가 잘못된 관계 기반이 갈등의 원인이라는 그의 생각과는 달리 문제의 핵심은 다른 데 있었다. 그의 말에 따르면 직장은 열심히 일하고 그 결과를 통해 평가받는 곳이어야 하는데, 그러한 가치 기준이 더 이상 적용되지 않는 데 따르는 상실감이 컸다. 가령 학교 성적은 관계가 좋다고, 인맥이 넓다고, 말을 잘한다고 학점이 좌우되지 않는다. 하지만 직장 내 평가는 너무나 다양한 요인으로 이루어진다. 안타깝게도 10여 년의 직장생활에서 그는 새로운 환경에 걸맞은 성장을 위한 심리적 기반과 가치관을 형성하지 못했다. 즉, 단지 주어진 일에만 몰입하는 데서 나아가 관계도, 자기 PR도, 엄살도, 과장도 적당히 할 수 있어야 했다.

상담 과정에서, 직장은 생계 수단이며 자기만족의 장인 동시에 심리적 성장과 안정을 위한 공간과 시간이 되어야 함을 새롭게 인식하게 했다. 더불어 지금 이대로라면 새 환경에서도 동일한 과정이 반복될 수밖에 없기에 성장과 변화를 위해 꼭 필요한 행동 전략을 잡았다.

첫째, 원활한 직장생활을 위한 적극적인 관계 넓히기(1주일에 한 번은 평소 못 만났던 사람과 식사). 두 번째로, 진행한 프로젝트와 성과 적극 알리기(팀 회의 중에 자신에 대해 한 번쯤 적극 어필).

세 번째로, 필요하다면 업무 분산 적극 요청하기(팀장과 업무 진행에 관해 공유하고 우선순위에 집중할 수 없다면 나눌 수 있도록 요청). 누군가에겐 당연해 보이는 변화겠지만 누군가에겐 자기 한계를 넘는 어려운 작업이 될 수도 있었다.

이후 5년이라는 시간이 흘렀고, 경제연구소에서 마음건강전략 업무를 수행한 뒤 다시 돌아갔을 때 여전히 그를 볼 수 있었다. 자신감 있고 당당해 보였다. 그동안 프로젝트를 통한 시상 경력도, 차기 팀장으로 존경하고 따르는 후배들도 있다는 얘길 들으니 또 한 번의 보람을 느꼈다.

○ ◑ ●

일잘러들은 직장과 연애의 공통점을 알고 이를 생활에 적용하려고 노력한다. 자기 기준과 방식에 얽매이기보다는 조직의 기준과 방식을 이해하고 두 영역의 괴리를 조정함으로써 직장과의 관계를 만들어간다. 조직 안에서 업무든 관계든, 우선해서 정보를 수집하고 이해하려고 노력한다.

이렇게 수집된 정보를 기반으로 자신이 하고 싶은 말을 그들의 방식과 기준을 빌어 풀어간다. 사람 성향을 이해했다면 성향에 맞게 대화하고 업무를 처리한다. 때론 성과에 대해 적당한 과시도 하고, 능력과 역량을 적극 알릴 필요도 있다. 더불어 관계에서 친밀감도 조금은 과하게 표현할 줄 알아야 한다.

상사, 동료, 후배와의 관계도 필요하다면 연애라는 메커니즘을 활용한다. 관계를 만들려면 그만큼 시간과 에너지가 필요하며 이 과정이 없다면 단단한 조직 내 관계는 만들어질 수 없다. 더불어 내 필요를 채우려면 그들의 필요를 공감하고 도와야 한다. 그렇다고 무작정 상대를 배려하지는 않는다. 철저한 주고받기give and take의 순리를 따른다. 이 공식에 어긋난다면 언젠가는 억울할 수밖에 없기 때문이다.

한 번쯤은 깊이 있게 회사와 나의 연애 관계를 떠올려보고 어떤 전략으로 회사 생활을 이어갈지 혹은 어떻게 이별을 해야 할지 고민해보자.

09

익숙한 것과 이별이 가능해지는 순간

○
◐
●

우리는 새로움과 변화를 끊임없이 갈망한다고 하지만 그렇게까지 변화를 주도하려고 노력하지는 않는다. 생각보다 새로움과 변화를 반기지 않고 변화에 대한 불안과 두려움도 큰 편이다. 그래서 변화는 늘 생각 속에만 존재할 뿐 노력은 더디기만 하다.

하지만 아이러니하게 변화의 시간이 어느 정도 지나면 또 그 상황에 맞게 빠르게 적응한다. 새로움에는 늘 익숙한 것들과의 이별과 새로운 것에 대한 적응이 필요하기에 변화의 시작점에서 얼마나 잘 견디는가가 중요하다. 이 시기를 잘 버티다 보면 새로운 것에 또다시 익숙해지기 때문이다.

여기서 말하는 변화는 정책, 트렌드, 문화, 기술 등 시대의 변화를 이끌어가는 거시 담론이 아니다. 오히려 내가 선택하고 실천할 수 있는 변화를 이야기하고 싶다. 다시 말해, 나를 아끼고 사랑하며 챙길 수 있게 하는 변화를 말하는 것이다.

변화가 아무리 작은 것이라고 해도 새로운 것을 맞으려면 익숙한 것들을 버려야 하는 법이다. 더불어 어떻게 해서 변화에는 성공했더라도 그 상황에 적응하는 것 역시 쉽지만은 않다. 그래서 변화가 긍정적이든 부정적이든 간에 스트레스 수준은 상승하기 마련이다. 또한, 딱히 실체나 기준이 없는 변화 상황을 만나면 익숙하지 않은 것들로 인해 두렵고 불안해진다.

뭔가를 배워보려는 열망으로 대학원에 진학하거나, 무료한 삶을 바꾸기 위해 취미 생활을 시작하거나, 몸을 만들기 위해 금주와 금연을 결단하거나, 자신에게 선물로 럭셔리 여행을 계획하거나, 부모나 때론 부부로서 책임과 의무에서 큰 전환기를 만날 때 불편함과 두려움이 엄습한다.

퇴근 시간을 잘 지키고, 회식을 거절하고, 내 생각을 끝까지 관철하며, 부모와는 다른 나만의 가치를 존중받길 원하고, 자녀를 위한 희생만 강조하지 않고, 가족과 떨어진 나만의 시간을 찾으며, 새로운 취미 활동을 시작하는 등 오랜 시간 반복된 삶의 방식을 새롭게 바꾸려고 한다면 맨 먼저 주변의 부정적인 시선과 반응을 경험한다. 섭섭함과 배신감 속에서 "그럼 나는?", "여보, 왜 그래?", "뭐가 불만이야?" 등이 시선이 날아와 꽂힌다. 변화를 위한 노력을 응원하고 칭찬하며 공감해주는 사람은 생각보다 많지 않다.

그래서 인간은 생각보다 변화를 반기지 않는다. 내가 직접 변해야 하거나 주변인의 변화가 나에게 곧바로 영향을 미친다면 더더욱 그럴 수밖에 없다. 그동안 익숙했던 환경을 견디지 못하기 때문이다. 이때 주변 시선과 반응은 익숙한 것과 이별하고 새로운 것들에 적응하는 일을 더욱 어렵게 만든다.

우리는 변화를 강요받을 때 긍정적인 면보다는 부정적인 면을 먼저 떠올린다. 심지어, 새롭게 자기 세계를 만들어가는 사람들을 보면서 오히려 걱정하고 두려워하며 때로는 비난하는 등 부정적인 반응을 보인다.

온갖 어려움 속에서도 변화를 위해 몸부림치는 소수가 있다. 이들은 익숙한 것과 이별하고 새로움을 받아들이기 위해 애쓴다. 변화가 쉽고 편해서가 아니라 그것보다 더한 간절함이 있기 때문이다. 때로는 이유 없는 비난을 받기도 하지만 삶의 주체자로 자신을 아끼고 챙기기 위해 이를 감수하며 묵묵히 변화의 길을 걸어간다.

이러한 간절함을 간직한 소수를 위한 조력 과정이 바로 상담이다. 직장 내 관계, 쉴 틈 없는 업무, 부부, 자녀, 가족 안에서 벌어지는 문제가 얽히고설켜 현재가 아무리 진흙탕 같더라도, 흩어져버린 퍼즐 같은 상황처럼 보여 도무지 변화의 시작점조차 보이지 않더라도 어딘가에는 변화의 여지가 존재한다. 하지만 대부분은 마치 나에게 놓인 숙명을 대하듯 고통스러운 나날을 하루하루 이어간다.

누군가는 진흙탕을 벗어나 바라고 원했던 삶을 살기 위해 간절한 마음으로 상담실 문을 두드린다. 그들은 흩어져 있는 퍼즐 일부를 하나씩 모아가며 변화를 위한 발버둥을 쳐보기로 결단한다. 안타까운 것은 이러한 변화 결심을 반기거나 지지해주는 주변인이 많지 않다는 데 있다. 나의 고통과 희생으로 그들이 지금까지 즐거움과 행복을 누려왔다면 더더욱 그 변화를 쉽게 반기지 않는다. 이런 시간이 찾아오면 상담은 큰 벽에 부딪힌다.

하지만 이런 장애물과의 조우는 상담 과정에서 꼭 한 번은 부딪쳐야 할 시간이다. 살아오면서 당연시되었던 의무, 책임감, 도리 등의 묵직한 단어들보다 나를 우선 챙기겠다는 시도에는 자기만 아는 이기적인 사람이라는 죄책감이 기다리기도 한다. 주변인은 그렇게 섭섭함과 비난 섞인 핀잔을 주고, 이런 괴리감은 변화를 시작하기 위해 견뎌야 할 또 하나의 어려움이 된다.

그래서 상담 전문가는 그들의 노력과 갈등을 듣고, 공감하며 정서적으로 지지하는 것밖에는 해줄 것이 없다(물론 다양한 심리기술을 통해 변화 당위성을 찾고 그들의 실행을 도울 지속적인 에너지를 불어넣는 작업은 지속해서 진행된다). 누군가로부터의 비난은 내가 원하는 삶의 방식을 만들어가는 과정에서 당연하게 겪는 것임을 확인해준다.

일잘러에게도 익숙한 것을 버리고 새로운 것에 적응하는 것이 쉬운 일만은 아니다. 변화에는 항상 반작용이 따르고 그로 인해 감정적 고통도 다양하게 경험하기 때문이다. 그럼에도 어떻게 사는 것이 최선인지를 알게 된 그들은 새로운 변화의 발자국을 남기기 위해 노력한다. 물론, 그 변화는 자신뿐 아니라 바라보는 주변인에게도 쉽지 않은 과정임을 알기에 준비되지 않은 갑작스러운 변화는 사양한다.

그들은 왜 변화해야 하는지를 주변에서 자연스럽게 깨닫도록 하고 개선되어야 할 필요성을 조금씩 알게 한다. 변화를 위해 준비할 시간도 만들고 나뿐 아니라 주변도 그렇게 되도록 애쓴다. 급격한 변화는 나에게도 주변에게도 적응하기 힘든 시간이기에 되도록 부드럽게 진행하며, 반감을 최소화하기 위해 노력한다.

하지만 결단이 필요하면 과감하게 행동한다. 누군가가 나의 변화 시도를 비웃거나 부정적으로 바라본다 해도 이러한 반응들을 참고 견딜 수 있어야 한다. 아무리 긍정적인 변화라고 해도 모든 사람이 긍정적으로 받아들여주진 않으며, 누군가에게는 받아들이기 쉽지 않은 변화이기 때문이다. 그럼에도 시간이 지나면 이것도 수용하고 적응해갈 것으로 믿는다.

익숙한 것에서 벗어나 새로운 것을 받아들이려 할 때 가장 큰 장애물은 그런 변화를 바라보는 주변의 따가운 시선이다. 그것을 견뎌내지 못한다면 나만의 삶의 방식을 찾는 일은 더욱 멀어질 수밖에 없다.

10

삶에서 새로운 에너지를 얻는 법

○
◑
●

앞서 언급했듯 인간관계는 직장생활을 매끄럽게 유지시키는 윤활유 역할을 한다. 그렇다면 그 수준을 어느 정도로 유지해야 하며, 얼마나 시간을 써야 할까? 정답은 없지만, 직장 안의 관계에 과도한 시간과 에너지를 사용하는 것이 그렇게 긍정적이지만은 않다.

물론 어찌 보면 가족보다 더 많은 시간을 보내며 공동의 목표를 위해 힘든 시간을 함께하는 삶의 동반자이다. 하지만 일로 모인 직장 내 인간관계는 '기능성'이 강하므로 들이는 시간과 에너지에 비해 깊이 있는 관계를 만들기가 어렵다.

혹시나 깊은 관계라고 생각했던 누군가가 회사를 옮기거나, 문제가 발생하면 단번에 사라지는 게 직장 동료 관계일 수 있다.

전혀 도움이 되지 않는 것은 아니지만 여기에 지나친 에너지와 시간이 들어가는 게 아닌가 점검하는 것이 좋다.

직장 관계는 일을 성취해내기 위한 기능적 관계로 만난다. 기능적인 관계라고 해서 인간적인 교류가 없는 건 아니다. 때론 상사의 불합리와 무능함에 대해 뒷담화를 하거나, 업무에서 오는 스트레스를 술 한잔으로 날려버리는 정도는 회사 생활을 어느 정도 풍성하게 만든다.

문제는 이것이 남용될 경우다. 문제를 공감하는 사람들과의 즐거운 자리가 문제가 아니라 매번 같은 주제, 같은 자리가 반복될 필요는 없다는 것이다. 날이면 날마다 누군가를 안주 삼거나, 신세 한탄으로 보내는 시간이 길어지면 길어질수록 정작 중요한 관계와 다양한 경험을 해야 할 시간은 뒤로 밀리고 가족과의 관계는 그만큼 소원해질 수밖에 없다.

당신은 같은 주제, 비슷한 사람들과 함께 다람쥐 쳇바퀴 돌듯 반복적으로 시간을 보내진 않았는가? 근래에는 코로나로 인한 사회적 거리 두기로 회식이나 술자리도 상당 부분 줄어들었다. 그렇다면 새롭게 생긴 퇴근 후 일상을 당신은 어떻게 활용하고 있는가? 혹시나 TV나 유튜브, 혼술로 보내고 있진 않는가?

퇴근 이후 시간이 조금은 여유로운 지금, 한 번쯤 내 삶의 관계도를 점검하고, 반복되는 관계로 새어나가는 시간을 조금이나마 모아야 한다. 이렇게 모인 시간을 나만을 위한 에너지로 어떻게 전환할 것인가 진지하게 고민해야 한다.

한 달에 한두 번 정도야 동료들과 함께하며 공감하고 서로 위로하는 시간으로 삼아도 나쁘지 않다. 가끔 이런 낙도 있어야 직장생활 맛도 난다. 하지만 매주 같은 주제로 비슷한 동료와 함께 삼삼오오 직장 근처 술집에 앉아, 끝나지도 않을 주제로 습관처럼 열띤 토론을 벌이는 쳇바퀴에서 이제 내려올 때가 되었다.

이유는 심플하다. 직장이라는 테두리 안에서 관계에 매몰되면 될수록 그만큼 나를 위해 준비해야 할 소중한 시간은 사라지기 때문이다. 그러므로 조금이라도 여유가 있는 지금이 미래 관계와 시간을 위해 자신을 다시 세울 최적기다.

이제는 직장이라는 울타리에서 벗어나 내가 쌓아 올린 전문성 위에서 다양한 관심사를 탐구하고, 다양한 관계를 만들어야 할 때임을 마음 깊이 새겼으면 한다. 동료와 함께하는 반복되는 시간으로 굳어진 삶을 살기보단 새 만남을 통해 다양한 세계를 경험하고, 생각의 범위를 확장해야 한다.

전혀 다른 영역에서 일하는 친구를 만나보고, 전문가 집단이 모인 곳도 기웃거리며, 관심 영역의 최신 논문을 뒤적거리다 보면 새 아이디어가 유입되면서 삶의 에너지가 증가하는 것을 느끼게 된다. 더불어 직장이 내 커리어의 종착역이 아니기에, 지금의 경험은 다음 스텝을 위한 중요한 발판이 된다.

일잘러 역시 사회 초년생 시절부터 회사 선배들에게 이끌려 퇴근 이후의 시간을 술과 유흥에 소비하며 많은 시간을 보냈다. 주중 시간 중 상당 부분을 계속되는 회식에 참석하며 보냈고, 주말에도 선배나 동료들의 호출에 나만의 시간을 온전히 갖기도 어려웠다. 요즘에야 이런 일이 신세계처럼 들리겠지만, 그런 때도 있었다. 그렇게 친했다고 생각한 동료들도 회사를 옮기면 관계의 농도는 옅어졌다.

이런 비생산적인 시간이 길어질수록 생활의 공허함은 늘어간다. 그러다 보면 직장 내 관계를 잘 만들어가려고 개인 시간을 포기하며 이렇게까지 많은 에너지를 들여야 하는가 회의가 드는 것이다.

그래서 그들은 직장 안의 관계를 조절하기 시작했다. 직장 관계가 내 삶의 소중한 영역에 침투해 들어오지 않도록 노력했고, 거기 들이는 시간과 에너지는 최소화했다. 관계가 소원하게 되지 않을 수준까지만.

꼭 필요하다고 여긴 술자리에만 참석하고, 더불어 관계를 위해서는 회사에 머무르는 시간을 최대한 활용했다. 점심 식사, 회의 중간중간, 퇴근 후 잠깐의 여유 등 짧다면 짧은 시간을 관계를 쌓고 유지하는 데 집중했다.

일잘러들은 평생 성장을 위한 그림을 그린다. 늘 새로운 영역의 사람을 만나고 필요에 따라 전문가와 친분을 만들어간다. 커리어 확장을 위한 청사진이 있으므로 퇴근 이후 다음 걸음을 착실히 쌓아 올린다. 이렇게 확보된 퇴근 후 시간은 철저하게 나만을 위한 시간으로 사용한다. 이런 기준이 있기에 누군가의 퇴근 후 시간도 소중히 여길 줄 안다.

대부분 직장인에게 지금 직장은 자기 커리어의 마침표가 아니다. 그렇기 때문에 현재 직장과 관계에만 빠져 있다면 새로운 그림을 그리기에 충분한 에너지를 확보하지 못하게 된다. 새 것을 받아들이고 내 것으로 만들려면 더 많이 만나고, 읽고, 경험하는 것 외에는 왕도가 없다.

시간과 에너지는 유한하기에 어딘가를 줄여야만 새로운 가치를 창출할 수 있다. 그러므로 비슷한 뒷담화와 넋두리로 낭비할 시간을 더 이상 자신에게 허락해선 안 된다.

11

경험의 축적과 확산을 준비하라

○
◑
●

유튜브나 여러 매체의 퇴사 관련 콘텐츠를 일별하다 보면 무책임하다 싶은 것들이 많다. 도대체 타인의 삶을 어떻게 책임지려고 당장 짐을 싸라고 할 수 있을까? 퇴사, 이직, 창업은 꽤 오랫동안 자기 삶의 가치와 기준 그리고 전문성 등을 종합적으로 고려하여 차분히 준비해야 할 과정이다.

설익어서도, 과하게 익어서도 안 되기에 결단 시점은 중요하다. 이런 결정에 제법 큰 영향을 주는 것이 다양한 매체에서 밝히는 성공 스토리다. 안타깝게도, 차분한 준비 과정에서 겪는 엄청난 고통과 인내의 시간이 증발된 성공 스토리에만 관심이 집중된다. 그러다 보면 당장이라도 일을 벌이기만 하면 내 인생도 절로 풀릴 것 같은 생각이 든다. 하지만 퇴사와 창업 결정에 따른 결과 역시 내가 책임져야 하기에 우리는 생각보다 더 신중해야 한다.

창업 열풍은 아직도 뜨겁다. 취업률을 높이지 못한 상태에서 무분별한 창업 지원 정책과 자금이 있다 보니 이제 막 사회에 들어선 풋내기들조차 창업이라는 덫에 기웃거린다. 여기저기 난립한 창업지원센터에겐 그저 '창업' 실적만이 중요할 뿐 그들이 실패를 통해 감내해야 할 데미지에는 나 몰라라 한다.

그러다 보니 '사업 중독'에서 헤어나지 못해 창업지원센터나 성공한 지인들 주변을 맴도는 후배들을 자주 만난다. 취업의 바늘구멍조차 찾기 힘들어 생활을 위해 대안을 찾고 매달려야 함에도 그들은 여전히 한방을 기대하며 사업 아이템을 찾아 떠돈다. 더 이상 논리적이지도 전략적이지도 못한 아이디어를 그 한방을 위한 도구로 맹신하는 것을 보면서 안타까움을 느낀다.

창업 열병은 이제 막 세상에서 첫걸음을 시작하면서 성장을 위해 차곡차곡 내실을 쌓아가야 할 사회 초년생도 유혹한다. 하루가 멀다 하고 퇴사를 알리는 메일이 날라온다. 이직 뉴스도 있지만 창업 소식도 간간히 들려온다. 나름 고민과 준비 시간이 많았을 것이다. 그럼에도 한편으로는 더 다양한 경험, 넓은 인맥, 사업에 대한 안목을 키운 후에 시도했으면 하는 아쉬움이 있다.

물론 자신이 소중하게 가꾸었던 아이템으로 언젠가 창업을 통해 정말 해보고 싶은 일을 시도해보는 일은 언제나 찬성이다.

이런 생각을 할 사람, 실천할 사람도 생각보다 많지 않기 때문이다. 그럼에도 창업은 그저 하고 싶다고 해서, 매력적으로 보인다고 해서, 누군가가 함께하자고 해서 경험 삼아 해볼 수 있는 영역이 아니다.

당장이야 내가 아니면 누군가가 선수 칠 것 같고, 조금이라도 내가 주도하는 뭔가를 하고 싶고, 주변에서 성공한 사업가를 보면서 그들의 재정적 풍족함도 부럽기만 하다. 사업가라는 타이틀도 매력적으로 다가온다. 하지만 경험, 전문성, 기획력, 인맥 등이 준비되지 않은 채 창업이라는 세계에 발을 들여놓는 것은 아무 준비나 도움의 손길도 없이 처음 가보는 정글에 홀로 남겨진 것과 같은 느낌을 준다(물론 살아남을 가능성이 '제로'는 아니다).

그럼에도 우리는 후배나 동료들이 내린 무모한 결단에 관한 소식을 자주 접한다. 그들도 꼼꼼한 준비 과정이 필요하고, 시기도 잘 골라야 한다는 데 깊이 공감한다. 문제는 그런 객관적인 검증이 자기 자신을 향할 때는 지나치게 무뎌진다는 데 있다.

나 역시 20년째 창업 준비 중이다. 전문가로서, 회사와 조직에 소속된 직장인이기도 하지만 1인 기업을 위해 하나씩 하나씩 준비하고 있다. 상담, 심리, 교육을 직간접적으로 교육받았고, 전문성을 펼칠 시장을 회사와 조직으로 좁혀 정조준하고 있다. 학위만 있다고 전문가로 인정받는 시대는 이미 지났다. '직장으로 간 심리학자'라는 컨셉으로 회사 생활을 직접 경험하면서 인사,

노사를 비롯해 다양한 조직을 경험하고 학습하고 있다.

원래는 학위 수료와 동시에 딱 1년만 회사를 다니고 개인 연구소를 준비하겠다는 마음으로 직장생활을 시작했다. 이력에 키워드와 경험 한 줄을 포함하기 위해서였다. 하지만 그런 내 얄팍한 생각과는 달리 직장이라는 학교는 내 본격적인 사업을 위해서도 너무나 많은 것을 가르쳐주었다.

회사 생활은 전문성에 빠져 자칫 놓칠 수밖에 있었던 마케팅과 영업의 중요성을 깨닫게 했고, 기획, 발표, 보고, 조직 운영 및 관리, 타 분야와의 융합 등 너무도 다양한 영역을 배우고 경험하게 했다. 전문가 입장이 아닌 철저하게 소비자 입장에서 사업을 바라보고 해석하는 안목을 갖도록 도왔다.

사업을 위한 다양한 스킬 외에도 업무를 통해 구축된 인맥들은 사업을 한 단계씩 구체화하고 성장시키는 데 큰 도움을 주었다. 물론, 20년이라는 시간이 길다고도 할 수 있지만 이 모든 학습 과정이 리스크를 최소화하리라 생각한다.

준비 시간이 길어지다 보니 내가 어떤 전문성을 가지고 있고, 어느 영역에서, 어떤 부분을 더 키우고 만들어야 할지를 알게 되었다. 필요한 교육을 찾고, 다양한 전문가를 만나 이야기를 나누다 보면 어느새 한 단계 성장하게 된다. 더불어 직장에서 진행하는 다양한 업무 각각에 대해선, 회사라는 테스트 베드Test Bed 안에서 위험 부담을 최소화하며 최적화하는 과정이라고 생각하자,

즐거운 게임으로 변했다.

아직도 사업 준비는 진행형이다. 안정성을 최대화하기 위해 다양한 옵션을 끊임없이 고려하고 있다. 이렇게 준비 과정이 길어지다 보니 회사에서도 진로나 창업으로 갈등하는 친구들이 하나둘 고민을 털어놓는다. 상담이 되었든, 가벼운 조언이 되었든 퇴직과 창업이라는 주제에서 꼭 짚고 넘어가는 게 있다. 직장이라는 테스트 베드에서 예행 연습은 충분히 했는지, 현 직장과 업무 연관성이 없다면 회사를 다니면서 간접 경험이라도 잘 쌓아왔는지를 물어본다. 한 단계에서 다음 단계로 넘어가는 과정이 끊어지지 않게 해야 한다. 재직 중이라도 창업을 위해 준비하고 학습하며 다양한 경험을 할 시간은 언제나 있다.

회사를 다니는 동안 최대한 준비해야 한다. 물론, 동물원과 정글은 하늘과 땅 차이지만, 어느 정도 위협을 차단한 상태에서 직장이라는 든든한 울타리 안에서 먼저 사파리를 경험해보라는 것이다. 다양한 위기상황에 대한 대응 전략도 없이 믿음만 가지고 어느날 갑자기 사표를 던지는 일은 무모할 수밖에 없다.

○ ◐ ●

일잘러는 사회 초년생부터 사업을 하겠다고 나서지 않는다. 다양한 업무를 수행하다 보니 내가 좋아하는 일을 찾았고, 열심히 집중하다 보니 전문가가 된 것이다. 그리고 어느 순간 사업성을 확인하면서 주도적으로 다양한 가능성을 만들어보고 싶은 욕심이 생겼다. 그렇게 각성한 순간부터 그들에게 맡겨진 일 하나하나는 이미 사업의 준비 단계 역할을 했다. 내 것이라 생각하고 했던 일이기에 회사에서도 최고로 인정받기 시작했다.

회사라는 안정적인 환경이 익숙하긴 하나 이미 결정된 방향이기에 과감하게 한 단계 한 단계 준비를 시작하였다. 업무 시간 외에는 다양한 전문가 집단을 만나 상품과 전략을 수정하고, 업무로 만났던 인맥을 최대한 활용해 사업 밑단을 그리기 시작했다. 완벽할 수도, 정답도 없지만 창업 전략을 조금씩 다듬다 보니 '무작정 사표를 던지고 나왔더라면 어떻게 됐을까' 하는 생각에 가슴을 쓸어내렸다.

이미 언급했지만 창업은 인생의 기나긴 진로 과정에서 치밀한 설계가 필요한 영역이다. 내가 무엇을 좋아하고 즐기며, 그것을 통해 나를 어떻게 성장시켜 나갈지를 결정하는 작업이라고 생각해보자. 창업하든, 회사 생활을 통해 자신의 꿈을 이루든 이러한 진로 과정은 모든 사람에게 적용된다. 내가 선택했던 과정이 모두에게 동일하게 적용되진 않겠지만 창업하겠다고 결정했다면 전문성을 갖추기 위해 지금부터 하나하나 경험치를 높여나가는 작업부터 해보자.

12

직장은 성장을 위한 재교육 기관

○
◔
●

MZ 세대를 가리키는 대표적인 키워드가 "성장, 다양성, 자기애"
라고 한다. 나를 중심으로 다양성을 인정받으며 성장하고 싶다
는 욕구를 가장 잘 표현하는 단어들이다. 이런 그들을 조직이라
는 틀 안에서 안정적으로 성장시키려면 기업은 그들의 성장을
돕는 새로운 교육기관 역할을 해야 한다. 다시 말해 기업은 전문
성을, 진로의 방향을 그리고 심리적 성장을 돕는 재교육 기관이
되어야 한다.

직장인은 이제부터 회사를 '다양한 경험을 통해 나를 성장시
키는 교육 기관'이라는 관점으로 볼 수 있어야 한다. 단지 생계를
위한 도구가 아닌 인생의 방향을 정립하고 목적을 이루어가는
데 도움을 주는 성장 파트너로서 직장을 대해야 한다는 것이다.

그러기 위해 다양하게 경험하는 업무, 관계, 배움에 최선을 다해야 하며, 이러한 경험이 나를 성장시키는 기반이 됨을 놓쳐서는 안 된다.

학교처럼 선생님이 따로 있거나 체계적인 교육 커리큘럼에 따라 교육받는 것은 아니다. 오히려 현장의 다양한 업무와 관계를 통해 우리는 자연스럽게 도제식 교육을 받는 셈이다. 임원, 팀장, 셀장, 선배, 동료, 후배 등을 통해 다양한 생존 기술을 학습하고 이를 회사뿐 아니라 내 삶에 적용함으로써 전문성, 진로, 심리적 성장을 이루어가는 것이다.

학위를 받은 후 기업의 임직원을 위한 심리 상담 전문가로 활동할 무렵부터 기업은 어떤 의미에서는 '재교육 기관'이 되어야 한다고 생각했고, 지속해서 이러한 의견을 제시했다. 기업 내 다양한 교육들이 사라지고 직무와 연관된 부분에만 집중되는 상황이 안타까웠다. 스펙만 쌓다가 다양한 경험 부족을 느꼈던 주니어들을 향한 바람이기도 했다.

새로운 세상, 새로운 세대와 함께 일을 해야 하는 기업이 지속 가능한 성장을 만들고 유지하려면 임직원의 성장을 우선적으로 배려해야 한다. 개인을 이해하고 그들의 필요를, 그들이 원하는 방향으로 반영하지 못한다면 기업이 원하는 인재 확보와 이를 통한 지속적인 성장은 더욱 어려워진다.

회사뿐 아니라 나 자신도 성장을 위한 변화에 동참해야 한다.

회사는 결과적으로 내가 선택한 것이다. 물론, 회사가 나를 필요로 한다고 결정했지만 마지막 선택은 내가 한 것이기 때문이다. 그렇다면 현재 상황에서 나는 어떻게 성장할 것인지 생각해보아야 한다. 직장을 자기 성장을 위한 교육기관으로 적극 활용할 길을 찾아보자.

직장은 단지 돈벌이의 수단이 아닌, 삶의 만족과 성취를 통해 행복을 경험하는 무대이다. 물론, 다양한 군상들이 모인 집단이기에 불합리한 부분도, 제한도 많다. 그래서 우리는 내가 할 수 있는 범위 안에서 하고 싶은 것을 찾고, 내 자리에서 성장 키워드를 발견하는 데 집중해야 한다. 배움의 과정은 늘 순탄치 않고 끊임없는 인내가 필요하기에 '직장 학교'의 시간 역시 때론 고통스럽고 힘들다. 그럼에도 그만큼 성장을 통한 성취감과 기쁨 또한 가득하다는 것을 잊지 않았으면 한다.

○ ◑ ●

그렇다면 우리는 직장학교를 통해 어떤 성장에 집중해야 할까? 다양한 영역이 있겠지만 무엇보다도 내가 담당해야 할 업무를 통해 전문성을 쌓아나가고, 다양한 경험으로 삶의 진로 방향을 그리며, 심리 성장과 안정을 만들어가는 데 집중해야 한다. 즉 전문성, 진로, 심리적인 성장이 필요하다.

전문성

애초부터 회사의 필요에 따라 전문가로 채용되지 않았다면, 직장은 나의 전문성을 만들고 키워내기에 좋은 기회를 주는 곳이다. 더군다나 내가 원하는 회사, 내가 원하는 직무를 선택했다면 다양한 경험과 인맥이 허투루 허비되지 않고 '자타 공인 전문가'로 성장하기 위한 노력이 필요하다. 이렇게 하려면 나만이 내놓을 수 있는 키워드를 만드는 작업이 필요하다. 어떤 영역에서는 누군가는 나를 최고라고 생각하고 찾을 수 있도록 나만이 가진 엣지edge가 있어야 한다는 것이다.

전문성을 기반으로 자기 키워드와 엣지가 만들어졌다면, 그저 그런 전문가가 아닌 전문가 집단 안에서도 구별되는 차이 역량Differentiated Competency을 키워야 한다. 다양한 현상과 환경을 전문성 필터를 통해 해석하고 마케팅, 심리학, 경제학 등 멀게만 느껴졌던 다양한 분야와 연결해 융합할 수 있어야 한다. 더불어 가능한 선에서 다양한 외부 활동을 통해 나만의 상품 가치를 극대화하는 브랜딩 작업도 전문성의 한 꼭지로 가지고 있어야 한다.

진로

학과, 회사, 업무, 이직, 창업을 선택하고 만들어가는 모든 시간은 진로를 성장시키는 과정이며 이 과정은 하루 이틀이 아닌 평생의 작업이다. 이러한 작업이 안정적이려면 선택 기준을 확고히 하고 그 기준에 따라 결정하며 그 결정을 정답으로 만들기 위해 노력해야 한다. 이러한 과정이 나만의 진로를 만들어가는 과정이다.

어린아이가 무엇을 좋아하고 싫어하는지를 인식하고, 미래의 꿈을 하나씩 만들어가듯 직장인의 진로 역시 경험을 통해 만들어질 수밖에 없다. 나이가 많다고, 학벌이 우수하다고, 지적 능력이 뛰어나다고 해서 생각과 상상만으로 만들 수 있는 부분이 아니다. 그만큼 넓고 깊은 가능성을 찾고 숙성시키려면 직장이라는 연습장을 충분히 활용할 수 있어야 한다.

심리

직장에서는 경험과 학습 그리고 관계를 통해 다양한 것을 보고 배운다. 이러한 과정에서 우리는 심리적 성장Psychologically Development을 경험한다. 어린 시절 친구야 비슷한 문화를 공유하다 보니 성향 차이에도 불구하고 비슷하게 세상을 바라보고 평가했다. 그러다 한 단계씩 성장하며 고등교육을 받을수록 때론 이해할 수 없는 다양한 군상을 만나게 되지만 이러한 관계를 통해 생각의 범위를 확장하면서 깊고 넓게 자라왔다. 더불어 나와 타인을 구분하고 그 속에서 다양성을 수용한다.

때론 주변에 지속되는 문제의 근원이 누군가가 아닌 내 문제였다는 것을 깨닫기도 하고, 관계를 능숙하게 이어가는 능력, 언어 표현의 세련미, 갑과 을의 위치와 그에 따른 행동, 지위에 맞는 책임과 의무, 나를 계발해야 하는 당위성, 관리자로서의 리더십, 자유를 누리고 심리적 안정을 찾는 여유, 다름과 틀림이 아닌 다양성을 이해하고 받아드릴 자세도 하나씩 직장생활을 통해 키워간다. 직장인들은 또 다른 세상에서 다시 나를 이해하고 점검해 성인의 심리적 발달을 지속해 나간다.

이렇게 일잘러들은 직장생활을 통해 전문성과 미래 준비, 심리적인 안정을 통해 한 단계씩 성장해 감으로써 직장과 삶의 안정과 행복을 일구어나간다. 그들은 직장을 생계와 가족을 부양할 수단으로만 생각하지 않고, 자신을 발견하고 계발하는 '가능성의 장소'로 생각한다. 그러다 보니 회사를 위해 무언가를 하는 것보다는 나를 위한 최선이 회사의 발전 기반이 된다.

성장, 다양성, 자기애 외에도 MZ 세대를 꾸미는 다양한 수식어가 있겠지만, 사실 이 단어들은 모든 직장인에게 해당하는 키워드이기도 하다. 다행히도 앞으로의 시장을 이끌어갈 새 세대가 이런 키워드로 무장하고 있기에 직장이라는 테두리의 제도와 문화를 조금씩 바꿔 나갈 것이다. 재교육 기관으로서 내부 인플루언서의 공감을 얻지 못한다면 기업은 지속 가능한 성장에 어려움을 겪게 될 것이다.

13

워킹맘의 에너지 사용법

○
◑
●

최저점을 경신하고 있는 출산율은 심각한 사회 문제이며 국가의
근간을 뒤흔드는 중요한 이슈다. 문제 해결을 위해 다양한 방법
을 제시하지만 그래프 변화는 여전히 하향 곡선이다. 워킹맘 이
야기는 꼭 한번 짚고 넘어가고 싶다.

　직장과 양육이라는 두 가지 삶을 선택한 워킹맘이 겪는 회사
안의 갈등을 바라보면 머리와 가슴 사이의 거리는 아직도 멀게
만 느껴진다. 머리가 이해했다면 가슴으로 실천해야 함에도 주
변에서 느끼는 워킹맘에 대한 이해와 배려는 만들어진 제도와는
달리 아직도 그 자리에 머물러 있다.

　회사 내 상담실을 운영하다 보면 워킹맘 대상 프로그램은 항
상 우선이 되어야 함을 느낀다. 그들이 경험하는 무게감과 스트

레스는 우리가 생각하는 수준을 넘어서기 때문이다. 일과 가정을 병행해야 하는 그들이 겪는 갈등은 상상을 초월한다. 그들과 함께하다 보면 때론 존경스럽다는 생각이 들기도 한다.

그들 모두가 공통적으로 이야기하는 부분은 가정과 직장 모두에서 겪는 무언가 모를 '죄책감'이다. 한창 엄마의 사랑을 받고 손을 타야 할 아이들을 혼자 내버려두고 있다는 미안함, 이러다가 아이에게 정서적인 문제가 생기는 것은 아닐까 하는 두려움이 기저에 깔려 있다.

더불어 가정과 회사라는 두 가지 삶을 살다 보니 이러지도 저러지도 못할 때가 종종 생긴다. 어린이집에 맡겨둔 아이를 찾아야 하고, 아이가 아프거나 문제가 생겼을 땐 어쩔 수 없이 회사 일은 뒤로 밀릴 수밖에 없다. 그러다 보니 조금 더 해야 할 일이 있고, 책임져야 할 업무가 있음에도 생각처럼 모든 것을 할 수 없기에 동료들에게 늘 미안함 마음이다.

내가 선택한 삶이라 누구를 탓할 수도 없지만 때론 이해하고 공감해주지 못하는 동료, 선배, 팀장이 밉기도 하다. 양육에서 오는 다양한 고민과 갈등이 정점을 찍는 시기지만, 공감하고 이해하기보다 죄책감을 자극하는 말이나 무시하는 행동이 감지되면 더욱 힘들 수밖에 없다. 특별히 같은 시기를 경험했고 나를 이해해줄 것 같았던 여자 선배가 내뱉는 푸념과 질책은 직장생활을 더욱 힘들게 만든다.

이런 고통의 시간이 길어지다 보면 결혼도, 가정도, 출산도, 육아도, 직장생활도 모든 것이 후회스럽고, 자존감은 바닥을 쳐 올라올 기미를 보이지 않는다. 무능하지도 책임감이 없지도 소극적이지도 않았다. 사람과 어울리길 좋아했고, 일에 대한 책임감도 강했으며, 매사에 적극적이라는 평가를 받으며 살아왔던 나였다. 그러던 내가 어느 순간 책임감도 희생도 충성심도 없는 사람이 되어 있는 모습에 또 한번 자괴감을 느낀다.

사실 결혼하고 2세를 준비할 때까지만 해도 선배들의 이런저런 조언과 충고가 있었지만 그간의 경험에 비추어 볼 때 잘해 낼 거라 생각했다. 힘든 상황도 물론 있겠지만 쌓아왔던 능력, 인맥, 인지도 등을 생각했을 때 예전 같진 않더라도 어느 정도 수준은 유지하겠다고 믿었다.

하지만 생각했던 예측과 확신은 시간이 지날수록 후회와 갈등으로 변한다. 그렇다고 물릴 수도 없기에 힘겨운 생활을 하루하루 이어가며 도망치고 싶다는 생각이 하루에도 몇 번씩 강타한다. 그나마 주변에 고민을 함께하고 아픔을 나눌 좋은 동료들이 있다는 것에 위안을 삼으며 하루하루를 버틴다.

사실 육아와 회사 생활을 함께 한다는 것은 한 사람이 같은 시간과 공간 안에서 두 개의 인생을 사는 것과 같은 무게감을 안긴다. 다시 말해 한정된 시간과 에너지를 두 배로 쓸 수밖에 없다. 이런 그들이 가정에서 직장에서 최고가 되려 한다면 당연히 두 개의 삶이 모두 무너질 수밖에 없다.

사용 가능한 에너지는 한정되어 있으므로 가정과 회사의 에너지를 어떻게 분배할 것인가에 대한 기준이 마련되어 있어야 한다. 아이가 어려 시간도 에너지도 많이 써야 할 시기라면 당연히 회사보다는 가정에 에너지를 몰아갈 수밖에 없다. 이때는 삶의 중심이 가정이다 보니 회사에 조금은 소홀할 수밖에 없다. 미안함, 죄책감, 자괴감이 몰려오지만 당당히 버텨야 할 중요한 시기다. 포기하는 것이 아니라 유보하는 것이다.

어느덧 시간이 흘러 아이가 스스로 무언가를 할 수 있는 나이가 되고 그만큼 여유가 생긴다면 자연스럽게 에너지는 회사를 위해 사용된다. 다시 한번 직장인으로서 능력을 마음껏 발휘할 시간이 온다. 그래서 그만큼의 여유가 생기기까지는 잘 버티고, 참아내야 한다. 회사를 위해 다시 능력치를 끌어올릴 그때 나를 제대로 보여주면 된다.

더불어 워킹맘을 위한 다양한 제도가 있다는 것도 잊지 말자. 제도가 있다고 해서 사람들의 시선이 바뀌는 것은 아니다. 그래서 마음 편히 다양한 혜택을 누리지 못할 수도 있다. 그것 또한, 다 지나갈 것이기에 누군가의 눈치와 평가에 연연하지 않고 당당하게 권리를 찾았으면 좋겠다. 다만, 꼭 필요한 사람이 혜택을 받을 수 있도록 제도를 악용하지 말았으면 한다.

다시 강조하지만 동전의 양면을 모두 선택할 수 없듯, 육아에 전념하다 보면 직장과 가정을 모두 가질 수 없다. 그러므로 삶의 에너지가 어떻게 사용되며, 사용한 것에 대한 평가가 어떠한지에 대해 그렇게까지 민감해하면 안 된다. 내가 선택한 것이기 때문이다.

○ ◑ ●

일잘러 역시 워킹맘으로 시간에 쫓기는 삶을 살아왔다. 좌절하고, 고통스러워 눈물을 흘렸던 적도 한두 번이 아니다. 그러나 그들은 자신에게 있는 에너지의 한계와 임계치를 알기에 선택할 것과 포기할 것에 대한 기준을 잡아 나갔다. 그러고 나니 참고 버티는 데 소진되는 에너지 소비를 최소화할 수 있었다.

너무 피곤하고 힘들 때는 나만의 시간을 찾거나 지인을 만나 모든 것을 잊어버리는 시간을 갖기도 했다. 물론, 쉽지 않은 결정이었지만 내가 건강해야 아이도 건강할 수 있다는 것을 알고 있었기 때문이다. 가족의 도움이 있다면 그나마 다행이지만 이것마저도 여의치 않을 때가 많았다.

그럴 때면 그간 관계를 잘 다져두었던 지인이나 아이 친구 부모에게 도움을 요청했다. 시간이 생길 때면 솔선해서 아이들을 모으고 함께 시간을 보냈기에 그만큼 신뢰가 쌓였고, 도움을 요청할 수 있었다. 이렇게 시간을 보내다 보니 어느덧 아이가 자랐고, 스스로 많은 것을 처리할 수 있는 나이가 되었다. 그럼 이제부터가 새로운 시작이다.

　부모는 늘 자녀를 향한 미안한 마음을 가질 수밖에 없다. 특히 워킹맘들은 더더욱 아이가 자기 때문에 무언가 부족한 상태에서 자라는 건 아닐까 하는 미안함과 죄책감이 가득하다. 누구도 아이가 성장하는 동안 100퍼센트를 채워줄 수 없다. 사실 열심히 일하고 자신을 성장시키는 엄마가 아이의 눈에도 존경스러워 보인다는 것을 잊지 않았으면 한다.

3부

복잡한 관계, 깔끔히 정리해드립니다

◐

우리는 종종 상대방도 나와 동일한 가치 기준과 생각들을 갖고 있으리라 착각
한다. 그러다 보니 아무 생각 없이 건넨 말이 누군가에게 상처가 되기도 하고,
내가 상처를 받기도 하는 상황을 자주 경험한다.

세상에는 나와 동일한 성격도 없고, 삶의 배경도 모두 다르다. 우리는 누군가의
말이나 행동을 내 기준에서 판단하다가 실수할 수 있음을 언제나 인식하고, 이
를 조정할 필요가 있다. 내 말과 행동의 의도를 정확하게 전달하기 위한 소통의
기술이 필요하다.

14

누구에게도 독심술은 없다

○
◐
●

때론 표현하지 않더라도 누군가가 내 마음을 이해해주고 찰떡같이 알아주길 바란다. 더 나아가 내가 마음속으로 떠올린 것만으로도 누군가에게 이미 의사 전달을 했다는 착각을 하기도 한다. 하지만 말로 표현하지 않으면 누구도 생각을 알 수 없고, 표현하지 않았기에 뭐라고 할 수도 없다. 그들에게는 독심술이 없기 때문이다.

우리는 말을 아끼고, 감정을 자제하며, 되도록 문제를 일으키지 않으려고 애쓰는 사람이 괜찮은 사람이라고 생각해왔다. 더불어 그 기준을 따라 삶을 바꾸기 시작했다.

조용하고 온유하다는 평판을 받아왔던 동료가 어느 날 갑자기 생각지도 못하게 감정을 폭발시키는 모습을 가끔 목격한다.

참고 참았던 감정을 어느 날 자신도 모르게 폭발시킨 것이다. 업무, 관계 등 다양한 영역에서 되도록 문젯거리를 만들지 않으려 했던 그간의 노력이 한순간에 무너져버린 것이다.

꽤 많은 시간 힘들고 어려웠지만 참고 넘어가려 무던히 애써 온 그들이었다. 오랜 시간 누구에게도 자기 안의 갈등을 드러내지 않았다. 왠지 구차한 것 같고, 나약해보이기 싫어서였다. 괜히 조직에서 문제 있는 사람으로 낙인 찍히기 싫었던 것이다. 이런 시간이 오래될수록 문제의 골은 깊어지고 부담과 갈등은 커져만 간다. 어느 순간 '원래 그런 사람, 그래도 될 것 같은 사람'으로 인식되어버렸다.

그렇게 묵묵히 참고 자기 모습을 지키면 언젠가는 이해하고 배려해주리라 생각했다. 하지만 이런 바람은 언제나 무참히 깨지기 마련이다. 그리고 어느 날 갑자기 '자기감정 하나 조절 못하는' 괴팍한 사람으로 낙인찍힌다.

그 동안 참고 인내했던 모습은 누구에게도 보이지 않았고, 알았더라도 금세 잊혔다. 단지 표출된 분노라는 극한 감정만 강하게 남았다. 어느 순간 갈등 상황에서 마음껏 감정을 폭발시키는 감정조절 장애가 있는 괴팍한 사람으로 인식되고 있었다.

내 안에 심리적 자원이 충분하다면 웬만한 수준의 갈등에서는 그렇게까지 감정이 터져나오지 않는다. 그러나 육체적, 심리적으로 소진되어 더 이상 감당하기 힘든 수준의 갈등을 경험하면 감정 제어 체계는 더 이상 정상적으로 작동하지 않는다. 이렇게 되면 참았던 갈등 에너지는 마치 활화산같이 마그마를 뿜어내듯 표출되고, 어느 순간 다시는 담을 수 없는 행동을 해버리고 만다.

상담실은 어느 정도 감정의 해우소 역할을 한다. 누군가에게 쉽게 털어놓을 수 없는 다양한 갈등 감정들을 전문가에게 쏟아버리고 나서 시원해진 마음으로 상담실을 나설 수 있기 때문이다. 삶의 무게감이 숨 막힐 정도이거나, 터져버릴 듯 답답하지 않더라도 그때그때 마음에 담은 불편함들을 하나씩 내려놓는 시간이 되기도 한다.

그렇다고 단순히 감정만을 쏟아내지는 않는다. 그런다고 해서 모든 갈등의 고리가 풀리는 것은 아니기 때문이다. 전문가가 문제와 마음의 갈등을 풀 만한 실마리를 한 방에 제안하는 경우도 드물다. 그래서 그들은 아프고, 답답하고, 짜증 나고, 화나고, 억울한 감정의 근원을 찾으면서 변화를 위한 출발선 앞에 선다. 그들의 문제 상황을 직면하는 것이 해결의 첫 단계이다. 해우소를 통해 조금은 누그러진 상태에서 마음속에 담고 있었던 갈등의 골들을 차분하게 언어로 표현하기 시작한다.

마음과 마음이 통하려면 말과 말이 통해야 한다. 말이 통한다는 것은 상대를 이해하고, 공감한다는 것이다. 그러므로 우리는 조절 가능한 선에서 생각과 감정을 말로 표현해야 하고, 말을 통해 상대를 이해하고 이해시켜야 한다. 물론, 행동과 표정 등 다양한 의사 전달 방식이 있지만 정확한 의미까지 전달하기는 어렵다. 언어로 표현해야만 조금은 더 명확해진다.

○ ◐ ●

일잘러들은 생각이나 감정을 무조건 숨기거나 참지 않는다. 감정이 격하게 전달되기 전에 아예 그럴 일을 만들지 않는다. 격한 감정의 풍선이 터질 때를 알기에 적당히 바람 빼주듯 갈등의 고리가 되는 생각과 감정을 조금씩 상대에게 언어로 표현하는 것이다. 감정이 실리지 않았기에 차분하고 논리적일 수 있다.

그들이라고 해서 이러한 과정이 늘 편한 것만은 아니다. 갈등 앞에서 누군가에게 자기 생각과 감정을 표현하다 보면 불편한 상황을 만들 가능성이 높기에 그들도 피하고 싶다. 하지만 표현하지 않을 때 이후의 갈등 상황이 눈에 선하기에 용기 내어 불편한 마음을 표현한다.

표현되지 않는 생각과 감정으로는 누구도 이해시킬 수 없고, 이렇게 반복된 삶의 형태는 우리를 다양한 마음병에서 벗어날 수 없게 한다. 행복하고 즐거운 삶을 꿈꾼다면 이제 부정적인 생각과 감정도 꺼내놓자. 어차피 해야 할 말이라면 상대가 이해할 만한 수준에서 표현하는 것을 습관으로 삼자.

15

같은 것에 대한 다른 생각

우리는 자기가 생각하는 대로 다른 사람도 비슷하게 생각할 것이라는 착각을 자주 한다. 하지만 자기처럼 생각하는 사람은 세상에 단 한 명뿐이다. 생각에도 지문이 있다. 성격도, 경험도, 배경도 어느 것 하나 똑같은 사람이 세상에는 없다. 물론, 함께 공유한 경험, 삶의 배경, 문화 등으로 어느 정도 공통되는 부분은 있다.

그러나 이런 면이 있더라도 내 생각과 표현을 누군가가 100퍼센트 이해하고 공감할 거라는 착각은 하지 말아야 한다. 직장과 삶에서 경험하는 사소한 갈등은 대부분 나와 상대의 생각을 동일 선상에서 바라보기 때문에 일어난다. 모든 사람은 나와 다른 존재이며 그들만의 관점을 갖고 자기 세상을 살아가고 있음을 간과해서는 안 된다.

초중고를 지나면서 우리는 성격이나 성향에서 자기와 결이 맞는 이들과 또래 집단을 형성했다. 집단 안에도 호불호가 있긴 했지만 서로 차이점을 그렇게 크게 느끼진 못했다. 성격 차이로 인한 사소한 다툼이야 있었지만, 생각과 언어는 쉽게 통했다. 경제적인 차이, 학습 능력에 따른 차이 외에는 생각과 표현의 차이가 그리 크진 않았다. 생각해보면 주변 환경, 부모 배경, 사회 및 경제적 수준 등의 지역적 특성과 문화를 공유했고, 이로써 어느 정도 비슷한 사고와 표현 패턴을 형성했을 것이다. 더불어 아직은 생각과 삶의 기준이 굳기 전이라 다양한 관점에 열려 있었고 거부감도 크지 않았다.

어느덧 대학생이 되거나 사회에 첫발을 내밀면서 세상에는 나와 다른 사람이 많다는 것을 깨닫게 된다. 세상을 바라보는 눈이 달랐고, 대상에 대한 이해 차이가, 사물을 대하는 태도가, 같은 사건과 현상을 경험하더라도 그것을 바라보는 시선과 표현 방식이 달랐다. 그러다 보니 내 말이 누군가에게는 의도와 전혀 다르게 전달되거나, 상대의 말을 잘못 해석함으로써 때로는 다툼과 갈등의 원인이 되기도 했다. 청소년기를 지나 이제 막 자기 삶의 기준과 생각, 가치 등을 정립해가는 시기였기에 서로 자기 생각이 옳다는 주장이 강했던 시기였다.

그럼에도 대학과 사회라는 교육 기관은 우물 안 개구리들에게 새로움과 다양성을 조금이나마 넓혀주는 중요한 시공간을 제공했다. 이를 통해 세상에는 정말 다양한 사람들이 서로 다른 생각과 표현을 가지고 존재함을 조금이나마 알게 되었다. 더불어 사회에서 경험할 또 다른 관계의 정글을 준비하는 완충지대 역할을 수행했다. 돌아보면 정서와 심리 발달에 초석을 놓을 수 있었던 중요한 시기였다.

사람에 대한 다양성을 어느 정도 경험했음에도 직장에서의 관계는 또 다른 세계다. 지역도, 문화도, 교육 수준도, 삶의 배경도 너무나 다른 사람들이 모이다 보니 서로의 생각을 공유하는 것 자체가 쉽지 않은 경우도 종종 생긴다.

나에게는 당연한 것들이 누군가에겐 당연하지 않을 수도 있다. 그러다 보니 자연스러운 사생활 이야기가 누군가에게는 자랑처럼 받아들여지고 시기와 질투의 대상이 되기도 한다. 나와 가족, 지인 사이에서는 전혀 문제되지 않았던 표현이 의도와 달리 누군가에게 상처가 되고 그로 인해 관계에 문제가 생기기도 한다.

사람과 일을 대하는 방식, 표현의 의도, 대인 관계, 생활 태도 등 비슷한 데가 많다고 생각했던 사람들조차도 그렇지 않은 것이 너무 많이 드러난다. 때론 정말 이해할 수 없는 존재들의 집합이라는 생각까지 들 정도다.

이렇게 성장하면서 생각과 표현의 기준과 방식은 언제나 나와 다를 수 있음을 이해하게 되었다. 더불어 내 생각과 표현 방식을 다른 사람도 그런 것처럼 일반화하지 말아야 함을 깨닫게 되었다.

○ ◐ ●

일잘러라고 해서 특별히 생각과 이해 범위가 넓고, 다양한 것을 다 수용하고 이해하는 능력을 타고난 것은 아니다. 그들도 조직에서 생각과 표현 차이로 다양한 갈등을 겪어왔고 때론 이해 못할 일들로 힘든 시기를 겪었다.

이런 과정을 통해 그들은 자기 생각을 일반화할 수 없다는 것을 깨달았다. 그러다 보니 생각을 곧바로 표현하기보다는 타인의 생각을 먼저 듣는 것에 주력했다. 듣기에 많은 에너지를 사용하며 내가 아닌 타인의 생각과 의도를 파악하는 연습을 했던 것이다. 그들은 듣기를 통해 나와 타인의 생각과 표현 방식을 조율하고 이해와 공감을 최대화하게 하는 접점을 찾아간다.

필요하다면 내 생각과 표현이 상대방에게 정확히 전달되었는지를 확인하기 위해 상대의 입을 통해 이해 수준을 확인한다. 결코 쉽지 않은 시간이며 꽤 많은 에너지를 소비해야 하지만 중요한 의사를 결정하거나 생각 차이로 갈등의 여지가 있을 경우 그들은 이러한 과정을 반복한다.

관계에 대한 경험치를 넓히려는 노력의 일환으로 다른 지역,

환경, 배경, 문화, 사회적 지위, 인종 등의 다양한 만남을 통해 생각을 듣고 표현 방식을 익힌다. 이러한 과정은 사고 체계를 확장시키고 탄력성을 넓히며 다양성의 기반을 확고히 만들어간다.

생각 차이로 인한 갈등의 여지가 있다면 서로의 생각과 가치 그리고 표현 방식을 지속해서 확인하는 시간이 필요하다. 언제든, 같은 것을 바라보는 다른 눈은 있게 마련이다.

16

그 사람이 죽도록 미운 이유

누구든 마음속에 죽이고 싶을 정도로 미운 사람이 한두 명은 있다. 아무리 성격이 좋아서 모든 사람과 원만한 관계를 유지하는 듯 보이는 사람도 우리와 별반 차이 없이 누군가가 죽도록 밉고 싶다. 왜 그렇게 미운 사람이 생기는 걸까? 그리고 어떤 사람에게는 별 문제가 없는 그들이 왜 나에게는 그렇게 싫은 걸까?

첫인상부터 마음에 들지 않았더라면, 성격도 배경도 달라 애초에 관계가 깊어지지 않았더라면 그럴 일은 없었을 텐데 오히려 가깝게 지내던 누군가가 어느 순간 죽도록 미운 사람으로 변한다. 관계에서 별반 기대도 없고, 몇 번 만나 얼굴만 아는 정도에서는 미워하고 말고 할 여지가 없다. 내가 믿고 의지했던, 누구보다 서로 잘 알고 이해한다고 생각하던 사람이 그렇게 된다.

믿고 의지했기에, 그의 필요가 무엇인지 알기에 내가 힘들고 어렵더라도 되도록 상대를 배려하려고 노력했다. 하지만 돌아오는 것은 비수였다. 때론 가족이, 친구가, 직장 동료가 그 대상이라는 사실에 더욱 가슴 아프고 견디기 어렵다.

어떻게 가족끼리 속고 속이고, 얼마 있지 않은 부모 재산을 조금이라도 더 가져가려고 '작업'을 했을까? 그렇게 친하다고 생각했던 친구가 항상 내 욕을 하고 다닌 것을 왜 나만 몰랐을까? 혼신을 다해 만들어놓은 프로젝트 결과물을 어떻게 자기 것인 양 가져가 보고할 수 있을까? 누구보다 믿고 의지했던 그가 뒤에서 내리꽂은 비수가 참 괴롭고 고통스럽다.

언론 보도 내용에서 가끔 접하는 가족이나 친구 간 살인 사건 역시 대부분 오래 묵은 갈등이 원인이지 않을까 추측해본다. 원인의 경중을 떠나 지속되는 갈등이 부정적인 감정을 극대화하고, 결론적으로는 통제할 수 없는 분노가 살인이라는 비극까지 몰아간 것 아닐까?

문제는 이러한 갈등이 우리 삶에서도 동일하게 일어난다는 데 있다. 우리에겐 주변의 다양한 어려움을 지탱해줄 좋은 사람이 제법 있다는 점이 다를 뿐이다. 이러한 갈등은 누구도 피해갈 수 없는 삶의 일부분이다.

우리는 자기 삶이 막장 드라마의 일부가 되지 않기를 간절히 바란다. 하지만 의도와는 달리 유치하기 짝이 없는 상황이 우리 삶에서 비교적 자주 펼쳐진다. 내 삶만 그렇다고 생각할 필요도 없다. 상담실에서 듣는 수많은 분노와 한(恨)은 이것이 생각보다 흔하다는 사실을 알려준다. 부모, 형제, 부부, 자녀, 친구, 직장 동료 등 예상치도 못했던 누군가로부터 받은 지워지지 않는 상처로 내 마음에도 죽도록 미운 존재가 생긴다.

왜 이런 일이 생기는 걸까? 결론부터 말하자면 내가 그토록 믿고 의지했던 나만의 가치와 신념이 그들을 통해 무너지는 순간을 경험했기 때문이다. 부부, 부모, 친구, 동료는 서로를 이해하면서 배려해야 유지되는 관계다. 이 관계에서 우리는 어느 정도 자신을 희생해가며 서로 의지하는 관계를 다져간다. 하지만 그토록 믿었던 가치 기준이 어느 순간 누군가에 의해 하루아침에 무너져버린다. 넘지 말아야 할 선을 누군가가 침범하는 순간 마음속에는 견딜 수 없는 상처와 미움이 남는 것이다. 이러한 상처는 누군가를 죽도록 미워하는 근간이 된다.

어린 시절을 함께 살아왔던 형제자매가 부모 재산을 나도 모르게 처분해버린다던가, 사회에서 만나 여행도 같이 다니며 가족보다 친하다고 생각하던 누군가가 더 이상 '이용 가치'가 없다는 이유로 하루아침에 연락을 끊는다. 그리고 들리는 소문은 나에 대한 뒷담화를 하며 여기저기 돌아다닌다는 것이다.

이러한 일들은 회사에서 흔하다. 좋은 직장 친구라고 생각했던 동료가 어느 순간 나를 멀리하고 때로는 투명인간 취급을 하기 시작한다. 분위기가 어색할 것 같아 이런저런 노력을 해보지만 결론은 항상 똑같다. 근거 없는 말들을 주변에 속삭인다. 왜 그는 갑자기 나를 그렇게 싫어하게 된 것일까?

일도, 결혼생활도 한창 다이내믹할 시기인 입사 7년 차, 결혼 2년 차인 30대 초반의 한 후배가 동료의 손에 이끌려 상담실을 찾았다. 삶의 배경도, 성격도, 환경도 달랐던 두 사람이 가정을 이루고 한 공간에 함께한다는 것이 이렇게까지 힘든 것인지는 꿈에도 몰랐다고 하소연한다. 갈등은 결혼 초 퇴근 후 꼼짝도 안 하고 누워 이것저것 시키는 일에서 시작되었다. 처음에야 외동아들로 온갖 사랑을 받고 자랐으니 어련하겠어, 이해하고 넘어가려 했다. 굳이 이야기하면 잔소리 같고, 신혼 분위기만 안 좋아질 것 같았다.

때로는 기분 나쁜 표정도, 삐친 듯한 행동도 해보았다. 하지만 시간이 지날수록 배려는 어디에서도 찾아볼 수 없었다. 주말에는 혼자서만 취미를 즐기려고 친구들과 몰려다녔고, 느지막하게 들어와 저녁을 달라고 졸라대는 날들이 반복되면서 유치하고, 얄미워서 같은 공간에 있는 것조차 싫어졌다. 왜 결혼했는지 후회가 급하게 밀려들었다.

그렇게 멘붕이 올 시점에 갑작스럽게 야근과 주말 근무가 길어지기 시작했다. 몸도 마음도 탈탈 털려 녹초가 된 어느 날, 배달 음식을 시켜 먹고 치우지도 않고, 여기저기 던져 놓은 옷가지에, 꾸벅꾸벅 졸며 TV를 보는 남편의 모습에 후배는 갑자기 통제 불능의 상태가 되었다. 미친 사람처럼 속에 있는 모든 감정을 쏟아붓기 시작했다. 모든 억울함, 비참함, 분노, 짓밟힌 자존감 등 모든 불편한 감정이 화산처럼 폭발하니 이러다 정말 미쳐버리는 건 아닌가 하는 생각도 들었다.

회사 생활도 엉망이 되었다. 누군가의 사소한 부탁에도 예민해지고, 배려 없이 일만 시키는 것 같은 팀장을 보며 남편이 떠오르면서 정말 같은 공간에 있다는 것 자체가 고통스러웠다.

상담이 진행되면서 내담자는 어려서부터 관계에서 오는 갈등이 싫었다는 것을 인식하게 되었다. 되돌아보면 부모님이 자주 싸우시는 상황을 보며 자신은 조금이라도 갈등의 여지를 만들지 말아야겠다고 생각했던 것이다. 혹시나 모를 이별이라는 두려움을 막기 위한 전략이었다. 그래서 착한 딸로, 착한 학생으로, 착한 친구라는 모습에 집착했고 결혼 후에는 '착한 배우자'가 되기로 선택한다. 안정된 가족과 부부 생활을 위해 그는 작은 갈등의 불씨도 만들지 않고 '회피'하려 한 것이다. 하지만 이런 회피는 오히려 갈등을 키워나갔고 삶을 고통스럽게 했다.

몸도 맘도 안정되고 여유가 있을 때는 어려움을 받아들이고 견딜 만한 에너지가 있었다. 그러나 어느 순간 그 한계를 넘어서면서 그동안 쌓아왔던 모든 기반이 한꺼번에 무너진 것이다. 본인도 놀랐지만 남편에게도 충격이었다.

몇 회 상담이 진행되며 문제 원인을 찾고 변화를 위한 목표를 잡으려고 하니 내담자 홀로 이 상황을 변화시키기에는 버거울 것 같다는 생각이 들었다. 그런 행동이 부부간에 새 갈등을 일으킬 수 있고, 갑작스러운 변화를 상대방이 받아들이기도 쉽지 않기 때문이었다. 그래서 조심스럽게 부부 상담을 권했고, 그와 남편은 상담 자리에 함께했다.

우리는 상담 목표를 회피적인 관계를 끝내고 자유롭게 표현하는 것으로 잡았다. 그 목표를 이루기 위해 마음속에 '이건 아니야' 하는 감정이 올라온다면 내가 느끼는 감정을 있는 그대로 상대에게 전달하기로 했다. 감정이 격해지거나 표현이 거칠어지는 것을 막기 위해 약간의 시간 간격을 두기로 했다. 쉬운 작업은 아니었기에 부부 상담이 진행되는 동안 꽤 오랜 연습이 필요했다. 다행히 남편은 상담에 적극적이었고, 그간 당연하게만 생각되던 것들에 대해 아내가 얼마나 힘들어했는지를 이해하게 되었다. 퇴사 전까지는 종종 상담실에 들러 다양한 에피소드를 들려주며 성공과 실패 그리고 이를 통한 성장 이야기를 함께 나누었다.

○ ◑ ●

일잘러라고 해서 마음속에 죽도록 미운 사람이 없는 것은 아니다. 정서적으로 안정되고, 이해심과 수용성이 높은 그들이지만 가족, 지인, 동료에게서 받은 상처가 지워지지 않은 채 아직도 욱하는 감정이 올라오면 참기가 어렵다. 가끔은 억울하고 화가 나 밤잠을 설칠 때도, 감정이 통제되지 않을 때도 있지만 시간이 지나면서 죽을 것만 같았던 미운 감정도 조금씩 사라져 간다. 그렇다고 그들을 용서한 것도 아니다.

살다 보면 다양한 관계 속에서 누군가에게 상처를 주기도 하고 때론 상처를 받기도 하는 것이 인생이다. 상처를 받을 때면 죽을 것같이 아프고 힘들지만 누군가에게 상처를 줄 때는 우리 역시 그만큼 민감하지 못하다. 그러므로 일잘러들은 마음이 무너지는 상황에서는 어쩔 수 없는 감정의 위기를 경험하면서도, 어느 정도 안정되어 생각이 차분해지면 객관화 작업을 시작한다.

나 중심의 시선이 아닌 타인의 시선에서 상황을 바라보며, 혹시나 내가 무언가를 잘못했는지, 상대방의 의도를 제대로 이해했는지 등을 차분히 살핀다. 물론, 관점의 객관화는 쉬운 게 아니다. 그러므로 일잘러들은 필요에 따라 전문가의 도움을 받아 자신을 분석하는 작업을 시작한다.

누군가를 변화시킬 수 있다는 착각은 하지 말아야 한다. 써야 할 에너지에 비해 결과가 미비하며 오히려 더 큰 감정의 골만 남길 수 있기 때문이다. 하지만 다양한 시도에도 불구하고 상황을 변화시킬 여지가 보이지 않는다면 내 잘못이 아닌 상대방의 잘못일 가능성도 있다. 이렇게 판단된다면 과감하게 관계를 정리하는 것도 나쁘지 않다.

도저히 해결의 기미가 보이지 않고 갈등만 커진다면 그것이 상처를 최소화하는 방법 중 하나다. 안타깝고 어렵지만 부모와의 관계를 최소화할 수도, 이혼을 선택할 수도, 부서나 회사를 옮길 수도 있어야 한다. 하루하루를 죽도록 미운 사람과 함께하며 마음속에 화를 키우기보단 헤어짐이라는 선택이 오히려 내면의 갈등을 최소화할 수 있다.

살아가다 보면 누군가가 죽도록 미울 때가 있다. 이러한 미움은 그만큼의 감정을 소진시킨다. 주체할 수 없는 화와 분노는 어느 정도 시간이 지나면 사라지지만 감정의 골은 그대로 남는다. 이러한 상처를 치유하려면 무작정 미움을 키우기보다 객관적으로 상황을 바라볼 수 있는 지혜가 필요하다. 이런 지혜를 통해 다양한 노력을 해봐야 하지만 문제의 원인이 내가 아니라고 판단한다면 때로는 관계를 정리하는 것도 고려할 만한 선택지다.

17

'어른아이'들과 함께 살아가려면

○
◐
●

직장생활을 하다 보면 우리는 자신이 지닌 가치와 기준만이 정답이라고 믿는 사람을 종종 만난다. 우리 대부분은 자기 주관이 뚜렷하더라도 어느 정도 수용할 준비가 되어 있기에, 이해하거나 받아들이진 못하더라도 최소한 경청하는 시늉이라도 하며 세련되게 들어주려고 노력은 하기 마련이다.

하지만 앞뒤 꽉 막힌 누군가는 자기 가치와 기준 외에는 다른 어떤 것도 듣거나 받아들이려 하지 않는다. 때론 싸움닭처럼 궤변을 늘어놓으며 마치 전쟁이라도 벌일 듯 달려든다. 이런 그들과 대화할 수밖에 없는 상황이 되면 정말 숨통이 조여오는 느낌이다.

아무리 친한 사이여도 정치와 종교 이야기는 하지 말라는 말이 있다. 각자가 가진 신념의 영역이기에 옳고 그름을 이야기할 수 없기 때문이다. 그래서 혹여 이러한 문제들로 논쟁이 시작된다면 상대의 신념을 존중해주면 그만이다.

그럼에도 논쟁이 생길 수밖에 없는 이야기 거리를 굳이 끌어내 언성 높이며 분위기를 험악하게 만드는 부류가 있다. 다시 말하지만 이념, 신념, 신앙 등은 주관적인 영역이기에 시시비비가 있을 수 없고 누군가의 일방적이고 주관적인 잣대로 판단해서는 안 된다. 그래서 우리는 되도록 내가 믿는 가치, 이념, 신념 등을 굳이 강하게 표현하지 않으며, 갈등의 여지가 보이면 다른 주제로 분위기를 빠르게 전환시킨다.

문제는 이념이나 신념의 문제가 아닌데도 본인이 생각과 주장이 누군가와 대립되면 언제라도 쌈닭으로 돌변하는 사람이 있다는 것이다. 그들은 언제나 대화에서 자기 생각과 주장을 담아 옳고 그름을 구분한다. 사소한 문제라 아무렇지도 않게 넘어갈 수 있는 것도 쉽게 지나치는 법이 없다. 확실한 근거로 객관적으로 인정되는 사실까지 자기 생각과 주장을 고집하는 그들을 보면 정말 없던 정까지 떨어진다.

어찌되었건 우리 주변에는 자기 삶의 기준, 가치, 정보, 신념 등이 그 무엇보다 우선이며 정답이라고 믿는 사람이 종종 있다. 이런 부류야 말이 통하지 않으니 애초에 깊은 관계를 가질 일도, 그럴 필요도 없다. 하지만 우리는 직장 안에서 이러한 사람을 종종 만난다. 때론 동료나 상사로 업무와 연결되어 어쩔 수 없이 만나야 하는 일이 생기면 참 난감하다.

다행히도 능력이 뛰어나 항상 옳은 의견과 방향을 제시한다면 그러려니 생각하며 참고 넘어갈 수도 있다. 하지만 그런 사람일수록 사사건건 말도 안 되는 억지를 부리며 업무도 직장생활도 괴로움의 연속으로 만들어버리는 경우가 대부분이다.

끊임없이 서로를 비난하며 이러지도 저러지도 못하는 상황이 계속되면 어떻게 될까? 일이 엉망이 되니 억지를 부리는 누군가는 물론, 원활하게 문제를 풀어가지 못한 누군가도 책임을 일정 부분 뒤집어쓰게 된다. 앞뒤 꽉 막힌 불통이 문제의 근원이 분명한데도 말이다.

전문가라고 해서 그런 사람들을 변화시킬 수 있는 건 아니다. 특별히 정신 병리 수준이라면 더더욱 어렵다. 이미 중년이 된 그들이지만 생각과 마음속에는 유아기 아이가 살고 있다고 보면 된다. 나이가 들어가며 몸과 함께 성장했어야 할 다양한 심리 요소들이 특정 영역에서 유년기 상태에 머물러버린 '어른아이'는 그 수준에서 세상을 보고 이해한다. 삶을 통해 지속해서 성장하게 해주는 근간이 정지되어버린 것이다. 낮고 좁은 경험에 기초해 정립된 세상이 그들에겐 전부이며, 그러한 세상이 누군가에 의해 거부되는 순간 떼쓰는 아이와 같이 퇴행적인 행동을 반복하는 것이다.

가끔은 조직 내 문제와 갈등으로 전문가의 개입이 필요하긴 하지만 그들을 위한 치료 효과와 문제 해결은 제한적이며 미미하다. 그러므로 문제를 해결하려면 문제로부터 그들을 분리시키는 것이 최선이다.

○ ◑ ●

일잘러들은 자주는 아니지만 어른아이와 같은 선배도, 동료도, 더불어 후배도 경험해보았다. 그때마다 안타까운 마음에 그들의 변화를 위해 다양한 노력을 해보지만 결론은 항상 나만 이상한 사람이 되고, 문제는 더 복잡해지고 커져만 간다. 그래서 사람이 미워지는 경험은 되도록 하지 않는 것이 좋다는 판단을 내렸다.

그들은 늘 해왔던 것처럼 자신이 할 수 있는 것과 없는 것을 구분해야 했다. 누군가를 변화시키기 위한 시간과 에너지를 쓸 수 있는 처지도 아니었다. 일잘러들은 어른아이와는 의견을 나눌 자리를 되도록 만들지 않는다. 서로에게 나쁜 사람으로 인식되지 않을 수준에서 최소한의 관계만 유지한다.

혹시나 업무상 논의나 토론이 필요하면 꼭 혼자가 아닌 결정을 내릴 누군가와 동행한다. 무엇보다 업무와 관계 없이 의견 충돌이 생기면 빠르게 화제를 전환하고 될 수 있으면 빠르게 자리를 빠져 나간다.

되도록 이러한 만남이 없기를 바라지만 어쩔 수 없다 해도 맞설 필요는 없다. 아이와 함께 옳고 그름을 논쟁하며 자신이 옳다고 주장하는 것 자체가 엄청난 에너지 낭비이기 때문이다. 내가 할 수 없는 일에 많은 에너지를 사용하지 않으려면 현명하게 자리에서 일어날 수 있는 용기가 필요하다.

18

관계의 달인이 되려면

○
◑
●

앞서 <최선을 다하지 말라>에서 관계는 마치 연애하는 것처럼 전략적이어야 한다는 말을 전했다. 그만큼 직장에서 관계가 중요하기에 인맥을 만들고 관리하려면 전략적일 필요가 있다는 것이다. 물론, 굳이 관계를 위해 '전략'을 세우고 관리까지 해야 하나라는 생각이 들 수도 있고, 그저 내 일에 최선을 다하면 된다는 생각이 들 수도 있다. 어떤 선택을 하던 개인 판단이기에 옳고 그름을 논할 수는 없다. 그럼에도 직장 안의 인맥 관리에 대한 고민은 한 번쯤 해보았으면 좋겠다.

직장인 대상 운영 프로그램이나 컨설팅 기회가 생기면 늘 물어보는 질문이 하나 있다. "직장생활에서 관계가 업무에 미치는 영향 또는 중요성은 0~100에서 몇 정도인가요?" 답은 대부분

70~80 이상이다. 종종 90 이상이라고 하는 분들도 있다.

이 질문 이후 또다시 이렇게 묻는다. "70~80 정도나 되는 중요한 직장 내 관계를 위해 여러분은 얼마나 많은 시간과 에너지를 사용하고 있나요?" 이 질문에는 쉽게 답을 하지 못한다. 직장 내 관계의 중요성에 대해서는 대부분 공감하지만 그렇게 중요한 관계를 위해 얼마나 많은 시간과 에너지를 사용하고 있는지는 생각해보지 않았기 때문이다.

그래서 우리는 직장 안에서 관계를 만들고 인맥 관리를 위한 전략이 필요하며 이 전략에 따라 시간과 에너지를 사용하도록 적절한 때를 구분할 수 있어야 한다. 물론, 시간과 에너지가 충분해 언제든지 관계에 집중할 수 있다면 좋겠지만 직장생활은 대부분 그러한 여유를 허락하지 않는다.

빠르게 흘러가는 업무 속에서 관계를 만들어가는 데 필요했던 시간도, 퇴근 후 함께했던 회식도, 우리라는 의식도 점점 줄어드는 현재의 직장생활 안에서 다양한 관계를 만들기란 생각보다 쉽지 않다. 우리는 한정된 시간과 에너지를 쪼개 관계를 만드는 데 사용할 수밖에 없다.

직장 내 관계는 단지 좋은 선배, 동료, 후배로 그치지 않고 업무에서 윤활유 역할을 하고, 직장의 지지 기반이 되며, 승진에도 직간접으로 힘이 된다. 지연, 학연, 친밀감, 동질성 등 다양한 교차점을 공유하면서 말이다.

물론 관계만 형성했다고 해서 모든 것이 해결되는 것은 아니다. 기본적으로 인성, 업무 능력과 실력, 전문성 등을 갖추고 있어야 업(業)을 위한 서로의 필요를 충족시킬 수 있다. 이러한 전제하에 인맥은 직장생활에 윤활유가 된다. 퇴사 이후에도 서로의 다음 진로를 위해 도움이 될 수 있다.

가끔 주위를 둘러보면 관계의 달인으로 불리는 사람들이 있다. 사람에게 관심이 많고, 누구에게나 좋은 사람으로 인정받는다. 타고나길 워낙 사람을 잘 사귀고 관리에도 뛰어난 사람이야 무슨 전략이 필요하겠는가? 그저 실력을 기반으로 차분히 신뢰를 쌓아가면 그만이다. 관계의 깊이가 없다거나 진득하지 못하다는 평을 듣지 않도록 조심하면 된다. 가끔은 진지함과 삶의 깊이를 전략적으로 보여줄 필요가 있다.

반면 내향적 성향으로 관계를 만들어가는 시간도 에너지도 불편하고 힘든 사람들이 있다. 홀로 진행하는 업무는 안정적이고 편하게 느끼지만 누군가와 의견을 주고받거나, 관계를 통해 문제를 해결해야 하는 업무에는 어려움을 느낀다. 이렇게 다양한 관계를 만들고 유지하는 것이 불편하고 서투른 사람들에게는 힘들고 어렵겠지만 관계 전략이 필요하다.

이러한 성향은 관계 형성에 들어가는 에너지가 외향적인 성향에 비해 더 많이 소진될 수밖에 없으므로, 꼭 필요한 관계를 만들고 유지하기 위해 최소한의 에너지를 사용하도록 시간과 에너지를 조절하고 비축해야 한다.

○ ◑ ●

일잘러들의 성향도 다양하다. 외향적으로 다양한 관계를 쉽게 만들고 관리하는 사람이 있는가 하면, 내향적으로 혼자가 편하고 안정적인 사람이 있다. 하지만 모두가 직장이라는 관계의 테두리 안에 있어야 하므로 사람과의 관계가 중요하고 이를 위해 애써야 한다. 그러므로 내향성을 지닌 일잘러들은 직장 내 관계 전략을 자신에게 유리하게 만들고 실천한다.

이러한 전략의 기반에는 직장이라는 테두리 안에서 삶의 태도를 조금씩 바꾸어나가는 것이 포함된다. 그들은 지나가며 던지는 짧은 인사말, 다양한 사람들과의 가벼운 대화, 커피 브레이크 등을 습관으로 삼는다. 커피 한 잔의 여유만 있다면 꼭 필요하다고 생각하는 대상과 관계 다지기를 시작할 수 있다.

특별한 모임이나 술자리가 아니더라도 가벼운 커피 브레이크 시간이 쌓이면 서로에 대해 많은 것을 알 수 있다. 이런 시간을 통해 상대방 업무, 사람됨, 성격, 관심사 등도 알기 시작하면서 자연스럽게 관계는 형성되고 편안한 누군가가 한두 명씩 주변에 자리한다.

어디에 있든, 무엇을 하든 관계는 삶을 매끄럽게 이끌어가는 중요한 삶의 도구다. 또한, 갈등과 다툼의 가장 원초적인 시작점이기도 하다. 그러므로 관계를 만들고 유지할 수 있는 다양한 방법 중에 나에게 가장 어울리는 것을 찾고 노력해야 한다. 에너지와 시간이 허락하는 한도에서, 관계가 또 다른 스트레스가 되지 않는 범위 내에서 말이다.

19

과도한 인격적 관계의 폐해

○
◐
●

중년이 된 지금도 어린 시절 친구와의 깊은 우정은 특별한 열정이 없더라도 어느 정도 유지가 가능하다. 그만큼 많은 시간과 추억을 공유했기에 서로 이해할 수 있는 다양한 공감대가 있기 때문이다. 물론, 지속적인 만남과 서로의 삶에 대한 충분한 이해가 있어야 함은 기본이다.

하지만 나이가 들어 새롭고 다양한 관계를 만들어가다 보면 지속적이고 깊이 있는 관계를 맺기가 쉽지 않다. 특별히 회사에서 맺는 관계에는 왜 어느 정도 벽이 존재하는 걸까?

관계가 깊어지려면 그만큼 시간적인 여유와 열정이 필요하며 정서적 지지, 관심, 사랑 등이 오가야 하기 때문이다. 오랜 지인들과의 관계를 떠올려보자. 함께했던 소중한 시간과 추억이 많았을 것이다.

그만큼 시간적 여유와 열정이 있었던 시기이기에 시간과 에너지를 관계에만 충분히 집중할 수 있었다. 더불어 잘 보일 필요도 없었기에 서로에게 겉치레 없는 날것을 드러낼 수 있었다. 그러다 보니 어느덧 구구절절 이야기하지 않아도 서로 이해하고 공감하는 관계가 만들어지고 지속되었다. 하지만 우리가 만들어가는 새로운 관계들은 어떠한가?

어느덧 어른이 된 지금, 안타깝게도 관계를 위해 쓸 수 있는 시간과 에너지가 예전만큼 충분하지 않다. 친구가 삶의 목적이며, 공감과 지지를 위한 생존 기반이었던 유년기와 청소년기를 지나 직장인과 사회인, 부모가 되면서 관심을 기울이고 책임져야 할 것이 너무 많아져버렸기 때문이다.

시간과 에너지를 대용량으로 업그레이드 할 처지가 못 되니 새 관계를 위해 들여야 할 시간과 에너지는 이미 바닥 수준이다. 그러다 보니 삶을 공유하고 공감할 정도의 깊이 있는 인격적 관계는 우선순위에서 밀리고 간신히 서로의 필요를 위해 유지되는 기능적인 관계 중심으로 굴러간다.

우리는 관계의 순수함도 잃어버렸다. 서로 지지하고 이해하며 관계 자체가 목적이던 과거에 비해 필요에 따라 무언가를 주고받아야만 하는 관계가 지속되다 보니 어느 순간 주고받기의 형평성이 유지되지 않으면 관계는 언제든 종료된다. 그렇기에 관계는 기능적일 수밖에 없고, 내가 무엇을 주고 무엇을 받을 수 있을지가 관계의 중요한 기반이 된다. 하지만 이럴수록 관계에서 오는 공허감은 커질 수밖에 없다.

더불어 우리는 너무나 많은 가치와 판단 기준을 만들고 강화했다. 그만큼 다양성과 탄력성을 잃어버렸다는 것이다. 학력 수준, 외모, 배경 등의 기준에 따라 개인과 집단을 구분하고 조금이라도 이질감이 느껴지면 그들을 원 밖으로 밀어내버렸고, 때론 밀려났다. '우리' 안에 들지 않는 그들은 아예 대상에서 제외한다. 그들을 통해 풍성해질 관계는 떠올리지 않는다.

그렇다고 기능적인 관계가 무조건 나쁜 것은 아니다. 이런 관계를 통해 목적에 부합되는 큰일을 도모하고 빠른 실천이 이루어진다. 특별히 조직 내 기능적 관계는 서로의 기대 수준을 조절하고 그 기준 아래 적당한 수준의 주고받기를 거치며 불필요한 에너지 소비를 최소화하는 장점이 있다. 지나친 감정 소모가 필요 없으며, 서로의 기대 수준을 정확히 알기에 무리한 요구를 하지 않으며 받으려고 하지도 않는다.

오히려 문제는 직장 안에서 인격적인 관계에 과도하게 집착하는 경우다. 직장과 조직은 일을 위해 모인 집단이기에 기능적인 관계를 중심으로 움직인다. 그러므로 해야 할 일에만 주로 에너지를 사용하고 상대의 감정에 예민하거나, 정서적인 지지를 얻는 데는 최소한만 사용한다.

그럼에도 누군가는 인격적인 관계를 과도하게 바랄 수 있으며, 관계에 투자한 에너지에 비해 돌아오는 수준이 미비하면 그들은 군중 속 외로움을 느낀다. 그들이 느끼는 직장 관계는 항상 벽이 있고 공허하다. 사실 직장의 기능적인 관계는 어느 정도 당연한 것이다. 인격적 관계와 기능적 관계의 수준을 어느 정도로 유지할지는 개인 선택에 달려 있다. 기능적 관계를 기반으로 나이, 성격, 배경 등이 비슷한 몇몇 동료와 인격적 관계를 유지하는 게 기본이다. 한두 명의 인격적인 관계가 직장 안에 존재한다면 직장생활은 조금 더 안정적이고 풍성해진다.

○ ◐ ●

일잘러들 역시 관계에서 다양한 혼란을 겪어왔다. 꽤 가까운 관계라고 생각했던 분이 어느 날 갑자기 한 마디 말도 없이 회사를 그만두고 연락이 끊겼다. 정말 친하다고 생각했던 친구가 먼저 승진하면서 직장 안에서 상하 관계가 된다. 많은 시간을 함께하며 꽤 많은 이야기를 나누었다 생각했는데 그에 대해 아는 것은 많지 않았다. 믿을 만하다 생각해 흉금을 털어놓았는데 결국 인사팀에서 모든 걸 알고 있더라.

그들은 관계의 벽과 공허감 등 다양한 혼란을 경험하면서 직장 안의 관계가 모두 인격적일 수는 없다는 것을 깨달았다. 아픔을 통해 인격적인 관계와 기능적인 관계의 수준을 구분해 나갔다. 그러다 보니 상대방이 원하는 수준의 관계를 정확히 파악하고 필요에 따라 에너지를 조절하게 되었다. 그들은 기능성을 기반으로 움직인다. 하지만 그들은 모든 사람에게 인격적인 모습을 보여준다. 수준에 따라 경청할 줄 알며, 상대에게 자신을 개방하는 능력과 공감 표현에도 뛰어나다.

시간이 허락되는 한 관계를 가꿀 줄 알지만 업무를 우선시하며 직장 안의 관계에 집착하지는 않는다. 그러다 보니 관계에서 오는 어려움도, 공허함도 그들에게는 없다.

직장 내 관계라고 해서 어린 시절 순수하고 조건 없었던 깊이 있는 관계가 불가능한 것은 아니다. 하지만 직장은 업무를 위해 모인 조직이기에 성과를 만들기 위한 기능적인 관계가 우선되어야 한다. 관계에서 벽이 느껴지거나 공허함이 느껴진다면 어찌 보면 직장 안에서 경험하는 기능적 관계에 따른 당연한 결과에 해당한다. 나에게 문제가 있다기보다는 직장 안의 관계가 원래 그렇다. 그럼에도 인격적인 관계가 존재한다면 직장생활이 조금은 더 풍성해질 것이다.

4부

세대가 달라도 통하는, 일의 본질

시간이 지나도 세대 간 인식 차이에 관한 이야기는 끊임없이 나온다. 시대, 배경, 문화, 교육, 환경 등에 따라 삶에서 경험하고 배운 것들이 다르기에 그런 차이는 어떻게 보면 당연하다. 어느 때부터인가 세대를 구분하고 차이를 강조하면서 새로운 벽을 만들고 있다는 생각이 들었다. 기성세대의 방식은 현재와 어울리지 않는 빛바랜 사진처럼 묘사하면서….

세대 간 차이는 차단의 영역이 아닌 화합과 공존과 성장의 주제로 받아들여야 한다. 차이가 두드러지더라도 서로 인정하는 계기로 삼고, 공통된 부분은 함께 발전시켜야 한다. 일과 삶이라는 길고도 먼 여정을 함께해야 하기 때문이다.

20

세대 구분의 허상과 실상

직장생활을 하다 보면 세대 간의 생각과 행동 차이를 각자 기준에 따라 부정적으로 표현하는 모습을 종종 본다. 그 독특함을 이해하려 하지도 않고 그저 싫다고 단정하는 것이다. 사실 세대 특성을 규정 짓고 선입견으로 보는 것도 세대 간 이기주의라고 할 수 있다.

시대에 따라 성장 경험이 달랐고, 사회적 분위기와 삶의 기준도 다양했다. 그러다 보니 모두에게 동일한 것은 아니지만 어느 정도 세대에 따라 독특한 생각과 행동이 나온다. 맞고 틀리다의 기준이 아닌 그 세대 전체가 지닌 특성이다. 세상은 늘 새롭게 바뀌지만 생각만큼 변하지 않는 부분도 있다. 세대 간 다양성을 이해하고 받아들이는 데 있어서도 그 수용의 폭은 여전히 제자리를 맴돌고 있다.

X 세대가 직장에 첫발을 내디뎠을 때도 특이하다는 취급을 받았다. 당시는 새로움과 다름을 받아들일 생각도, 준비도 더 미흡했던 계급 문화가 주류를 이루던 시대였다. 그로부터 20여 년의 시간이 지난 어느 날 MZ라는 존재가 직장 문을 새롭게 두드리기 시작했다. 그때나 지금이나 조직 문화가 크게 바뀌지는 않았지만, 앞으로 선진국 문턱에서 새로운 세상을 이끌어야 할 MZ 세대의 독특함을 이해하려는 시도가 많다.

사실 MZ 세대가 바라는 것은 다르지 않다. 단지 보고, 듣고, 경험했던 과정이 우리와 조금 달랐을 뿐, 시간이 흐르면 그들 역시 많은 것을 동일하게 느낄 것이다. 우리와 우리 전 세대가 그랬던 것처럼 말이다. 그들은 우리와 다른 장년기를 살아갔으면 하는 바람이 들었다. 그들의 미래가 바로 사랑하는 우리 자녀들의 미래이기도 하니 말이다.

다행히 MZ에 대해서는 X와는 다르게 이해와 수용의 문화가 어느 정도 갖추어진 것 같다. 물론, 변화 기반이 다져지고 제도가 만들어졌다고 해서 모든 것이 기분 좋게 받아들여지진 않는다. 앞서 언급했듯 인간은 그리 변화를 반기는 존재가 아니기 때문이다. 그만큼의 노력이 없다면 그들 역시 전 세대와 다음 세대를 탓하며 또 한번 피해의식 속에 허우적거릴 것이다.

그렇다고 X가 노력하지 않은 것은 아니다. 1990년대 말의 직장생활은 IMF 쓰나미로 결코 쉽지 않았고, 표현하는 일은 더뎠으며 조직을 위해 개인을 희생해야 하는 분위기에서 바꿀 수 있는 것에는 한계가 있었다. 그들은 그런 시대를 살아왔던 것뿐이지 나약하거나 순응하는 존재는 아니었다.

X도 MZ와 성향상 비슷한 점이 많이 있음에도 시대에 뒤떨어진 존재로 취급받는 것이 억울하다. 어느덧 기성세대가 된 X는 전 세대에서 바꾸지 못한 것들을 바꾸기 위해 노력한다. 하지만 막상 시도해보니 바꿀 수 있는 게 그리 많지 않음을 또 한번 느끼면서 마음 한구석엔 미안함과 억울함이 공존한다. 변화를 주도하지 못하고 어느 사이 X도 기득권 유지에 바빠 변화를 두려워하는 존재가 되었기 때문이다.

각 세대는 서로 부러워하는 부분도 있고, 이해하기 힘들어하는 부분도 있다. 이로 인해 갈등이 생길 수도, 이러한 갈등 속에 다양한 감정이 일어나는 것도 자연스럽다. 따라서 우리는 세대 간에 확인되는 다름의 실체를 정확하게 파악해야 하며, 그 근간에 공통적으로 흐르는 인간의 본질에 귀 기울여야 한다.

회사 내 베스트 드레서로 소문이 자자하며, 온갖 새로운 것은 그를 통해 전파된다고 할 정도의 개성파인 50대 초반의 팀장이 지나던 길이라며 상담실에 들렀다. 굳이 상담이라고 할 수 없는 짧은 세션의 '라이프 코칭'이 시작된 것이다.

1970년대 초반생인 그는 힙합과 서태지 음악을 들으며 성장했다. 인터넷, 채팅, 스마트폰의 첫 세대로 MZ 세대만큼 논란의 중심이었던 대한민국 최초 신인류인 X 세대를 대표하는 인물이다. 그런 그가 50대가 되어 다양한 세대를 아울러야 하는 리더가 되었다. 리더십에 대한 고민이 시작된 것은 우연이 아니었다. 회사에는 회의 시간마다 MZ 세대를 위한 리더십에 신경 써야 한다고 강조했다. 그렇다고 가이드나 대안을 주는 것도 아니었다. 여러 책과 자료도 찾아보았지만, MZ라고 해서 특별할 건 없다는 생각이 들었다. 그에게는 세대를 구분하는 리더십은 없었고, 그럴 필요도 없다고 생각했다.

그럼에도 어느 순간 출근하면 그들 눈치를 보는 버릇이 생겼다. 그들에게 자신은 어떻게 보일까? 그들에게는 자신도 어쩔 수 없이 '꼰대'라는 생각이 떠오르니 젊은 친구들과의 관계가 위축되고, 작은 의사결정 하나에도 부담이 생기기 시작했다. 윗분들 챙기고 눈치 보는 것도 모자라 이제는 리더십을 발휘해야 할 팀원들 눈치까지 봐야 하는 자리에 있자니 왠지 억울한 생각이 들었다. 대체 새로운 세대를 위한 새로운 리더십이란 게 뭔지 한번 물어보고 싶었던 것이다.

사실 그는 MZ 세대보다 더 MZ 같은 X 세대다. 즉, 현재에 충실하고 자기 주관이 확고하며 트렌드에 민감하다. 행복을 추구하기 위해 무엇이 필요하며, 어떻게 해야 하는지 알고 그것을 실천하며 살아왔다. 그러다 보니 MZ 세대라고 해서 별반 다른 게 없다는 결론을 내린 것 같다. 문제는 자기 삶이 누군가에게 평가받는 것이 불편했던 것이다. 그러다 보니 소위 말하는 꼰대의 모습으로 평가되지 않기 위해 눈치를 보기 시작했고, 과도하게 에너지가 줄줄 세고 있었던 것이다.

상담 세션이 아니었기에 문제를 찾고 해결 방법을 논하지는 않았다. 단지 다른 세대로부터 무엇인가를 인정받는 게 중요한 것이 아니라 다양한 세대와 문화 속에 살고 있기에 당신 삶도 옳다는 것을 지지해주고 싶었다. X 세대는 후진국에 태어나 선진국을 경험했고 MZ 세대는 이미 선진국 문턱에서 출생했으니 생각의 기준과 삶의 방식이 틀릴 수밖에 없다.

어느 세대건 나의 존재 자체로 인정해주면 된다. 그들이 평가하는 것은 그들 몫이지 내가 무언가를 더 한다고 해서 곧바로 바뀌는 것은 아니다. 업무를 지시하고, 회의하고, 프로젝트를 관리하는 방식은 내가 학습하고 경험하면서 정립한 나의 삶과 리더십이기에 누군가의 평가를 두려워할 필요는 없다.

○ ◑ ●

일잘러들은 세대 간의 차이로 인한 갈등을 새로운 문제로 받아들이지 않는다. 단지 형태는 다르지만 예전부터 존재해왔던 다양성의 한 형태로 자연스럽게 인정한다. 더불어 이러한 다양성을 새 세대를 이해하고 수용하는 기회로 삼는다.

그러므로 세대를 나누고 다른 세대의 표현 방식을 비난하며, 자기 세대의 특성이 무조건 옳은 것인 양 생각하는 것은 나이를 떠나 옳은 태도가 아니다. 이해를 위한 접근이 아닌 구분과 차별을 목적으로 편 가르기식 접근 방식이기 때문이다.

그들은 같은 감정에서 파생된 세대 간의 다양한 생각과 표현 방식을 이해하려고 노력한다. 이러한 노력이 세대를 연결하고 갈등을 최소화하며 일에 대한 생산성을 극대화한다는 것을 잘 알기 때문이다.

누가 옳고 틀렸다를 논하기 전에 공존과 생존의 전략을 함께 나누는 것이 무엇보다 중요한 시기다. 이러한 전략은 무엇보다도 서로에 대한 이해가 기반이 된다. 앞서 언급했듯 개발도상국을 살아왔던 X와 선진국의 문턱을 살아왔던 MZ가 서로가 살아온 시대와 문화를 이해하고 수용할 수 있어야 한다.

21

대기업 신입 30%가 1년 안에 퇴사하는 이유

○

◗

●

직장인들이 삼삼오오 모이면 '누구는 일을 제대로 하네, 누구는 아무리 봐도 숟가락만 얹었네' 등의 말들을 자주 내뱉는다. 특별히 선배나 상사의 업무를 습관적으로 평가한다. 더불어 자기는 그런 위치가 되면 그들처럼 행동하지 않을 거라고 다짐한다. 누구나 한번쯤은 생각하고, 다짐했다.

사실 육체 노동이든 정신 노동이든 일의 총량은 비슷하다는 생각이 든다(그렇다고 결과물과 생산성이 같다는 뜻은 아니다). 단지 일을 바라보는 기준이 틀릴 뿐, 각자의 역할과 지위 그리고 업의 특성에 따라 맡은 일들의 총합은 겉으로 보이는 것과 달리 비슷할 수 있다. 그래서 누구는 일하는 것처럼 보이고 누구는 놀고 먹는 것처럼 보인다는 판단은 내 입장보다는 조직과 일의 흐름에서 이해해야 한다.

이제 막 회사 문턱을 넘어선 신입사원에서 대리까지는 선배나 팀장의 지시에 따라 단편적인 실무를 담당한다. 그때그때 필요한 일을 받아서 하는 경우가 대부분이다. 그러다 보니 몸으로 때우는 일이 많고 여기저기서 계획 없이 주어지는 다양한 일로 정신을 차릴 수 없다. 이렇게 몇 년을 버티다 보면 '이러려고 회사에 들어 왔나'라는 생각이 들기도 하고, 온갖 허드렛일은 자기가 다 하는 듯 느껴진다. 더불어 선배들은 본인이 하기 귀찮은 일을 무조건 떠넘기는 사람으로 인식된다.

대기업 및 300인 이상 기업의 신입사원 퇴사율이 1년 안에 30%에 육박한다고 한다. 이유는 다양하겠지만 취업 전 생각했던 일과 현재 내 상황 사이의 괴리를 받아들이지 못하기 때문 아닐까? 주체적으로 일하는 직장생활을 꿈꾸었지만 사회 초년생인 그들에게는 아직 먼 나라 이야기일 수밖에 없다.

안타깝지만 일을 배워가는 과정이 원래 그렇다. 바닥을 알아야 업을 이해하고 일의 흐름을 알게 되기에 긴 인내의 시간이 필요하다. 그래서 저년차는 단편적이지만 다양한 일을 맡아 처리하며 실무를 정확하게 파악하고 이해하는 시기다. 더불어 선배나 상사를 보고 배워 가며 업에 대한 이해를 쌓아가며 리더로서의 자질을 하나씩 키워 간다. 물론, 항상 좋은 선배와 상사가 있는 것은 아니지만 누구에게도 배울 점은 있다고 여겨야 현명한 리더로 성장할 수 있다.

그래서 사회 초년생은 생각을 많이 하기보다는 일에 집중하는 것이 필요하다. 생각이 많으면 자기 기준에서만 사람과 일을 평가하게 되고 그러다 보면 생각의 틀이 좁아질 수밖에 없다. 더불어 다양한 사람과 다양한 방식을 이해하고 실천하려는 태도를 갖추었으면 한다. 물론, 이해할 수 없고, 논리적이지 않으며, 공평하지 않는 것이 눈에 띌 것이다. 이러한 불합리를 고칠 수 있는 시간이 분명히 올 거로 믿는다.

시간이 지나면서 신입사원 시절의 어리숙함은 더 이상 보이지 않는다. 이제 어느덧 대리나 과장으로 승진한 그들은 업무 전반을 다루게 된다. 단편 실무가 아닌 일의 첫단과 끝단을 두루 챙겨야 하며, 일 시작 전 왜, 무엇을, 어떻게 할 것인가도 함께 준비한다. 책임에 대한 부담감은 점점 늘고 챙겨야 할 것도, 고민해야 할 것도 많아진다. 업무에 따라 다르겠지만 예전에 비해 책상에 붙어 있는 시간이 늘어날 수밖에 없고, 지시하고 관리해야 하는 일이 점점 쌓인다.

이 시기는 실무형에서 관리형으로 업무 형태와 리더십을 전환시켜야 하는 중요한 시기다. 실무에 대한 이해를 바탕으로 이제는 큰 그림을 그릴 수 있어야 하고 누군가의 지시로 움직이는 것이 아닌 스스로 일을 만들고 지시할 수 있는 역량을 키워야 한다. 관리형에는 일뿐 아니라 사람에 대한 관리도 포함된다. 함께 일하는 후배들을 챙기고, 일과 회사 생활을 위해 때로는 아쉬운 소리도, 듣기 싫은 소리도 할 수밖에 없는 시기다.

그러다 보니 예전과는 달리 관계를 만들고 이어 나가는 것이 편하지만은 않다. 윗분과 아랫사람 눈치를 함께 볼 수밖에 없는 상황이 되고, 윗분의 말을 아랫사람에게 전달해야 할 때가 많아지면서 난처한 상황도 종종 생긴다. 어쨌든 이러한 시기를 잘 견디면서 중간 관리자의 자리를 단단하게 굳혀 나간다.

중간 관리자 시기를 지나면 부장/팀장의 직책을 맡는다. 모든 부장이 팀장이 되는 것은 아니지만 업무도, 관리도, 관계도 잘해왔다면 아마도 팀장 자리에 있을 것이다. 중간 관리자 시절부터 차분히 준비하는 사람도 있지만 팀장이나 임원 자리는 열심히 한다고 얻는 것은 아니다.

어쨌든 팀장 정도 되면 차이는 있겠지만 대부분 실무를 직접 담당하지는 않는다. 이들은 중간관리자 등이 작성한 기획 보고서를 살피고 보고받는 사람의 취향에 맞게 지도한다. 더불어 보고가 잘 이루어지도록 다양한 노력을 기울이며 '팀의 먹거리'를 만들기 위해 노력한다. 그러다 보니 관리와 관계가 무엇보다 중요하며 현장을 뛰기보다는 자리에 앉아 있는 시간이 상대적으로 많아질 수밖에 없다.

회사 전략과 상황에 맞는 일거리를 찾고, 보고서를 살피며, 업무를 지시하고 다양한 불협화음과 한정된 자원 속에서 일과 사람을 관리하는 것이 업무의 핵심이다 보니 머리를 써야 하고, 그만큼의 책임이 어깨를 짓누른다. 더불어 휴가, 개인사 등은 업무 때문에 항상 차선이 되기에 그만큼의 삶의 희생도 만만치 않은 자리다.

일의 형태가 이렇다 보니 저년차 눈에는 도대체 우리 팀장은 무슨 생각을 하고 어떤 일을 하는지 의문을 가질 때가 많다. 가끔 그만큼 연봉을 받으면 더 일하고 희생해야 하는 것 아닌가 말하는 사람도 있다.

직장생활을 하면서 경험하는 일의 흐름들을 굵직하게 정리해보았다. 연차가 쌓이고 직급이 올라가면 표면적으로 보이는 일에 비해 머리를 써야 하거나 감정적으로 고생해야 하는 경우가 늘게 된다. 그래서 절대적이지는 않지만 일의 총량은 어느 정도 비슷하지 않을까 생각하게 된다.

○ ◑ ●

일잘러들은 사회 초년생이든, 중간 관리자이든, 팀장이든 비교되는 일의 총량에는 큰 관심이 없다. 물론, 주변에서 늘 '누구는 일하고, 누구는 일을 안하는 것 같아'라는 이야기를 듣지만 그렇다고 바뀌는 것은 없다. 누군가를 탓해 보았자 오히려 내 감정만 상하는 일이 많다는 것을 알고 있다.

그래서 그들은 내가 가진 현재 기준으로 누군가를 판단하지 않는다. 긍정적인 부분도 부정적인 부분도 분명히 보이지만 누구를 바꾸기보다는 나에게 집중한다. 실무형이든, 관리형이든 때와 장소에 따라 그때그때 필요한 역량을 발휘하며 누군가의 평가와 가십에 휘둘리지 않으려 노력한다. 그러면서 차분히 리더로서의 자질과 역량을 키워나간다.

우리가 더 집중해야 할 부분은 누구는 일하고, 누구는 일을 하지 않는다가 아니라 내가 맡은 일을 내 직위와 역량 안에서 최선을 다해 수행하는 것이다. 내가 경험하지 않는 역할과 직급을 현재 자기 기준과 위치에서 판단하지 말자. 나도 언젠가는 리더의 역할에 맞는 업무와 역량을 해낼 날이 올 테니 그 업에 충실하면 된다.

22

저년차: 일의 기본기를 다지다

○
◑
●

어떻게 보면 사회 초년생에게 직장은 또 하나의 교육기관이다. 직장과 조직이라는 테두리 안에서 세상을 경험하고 배울 기회이기 때문이다. 그들은 초중고와 대학이라는 시간을 통해 다양한 경험을 했고 많은 것을 배웠다고 여긴다.

하지만 사회라는 넓고 깊은 바다를 홀로 헤엄치기에는 축적된 경험이나 학습의 퀄리티가 턱없이 부족하다. 그러므로 우리는 조직이라는 테두리 안에서 그간 배우고 경험했던 것을 적용해가며 세상이라는 정글에 조금씩 적응해 나가야 한다.

직장이라는 교육기관에는 우리가 경험하거나 학습하지 못했던 더 복잡한 사람들, 엄격한 규칙, 다양한 평가가 존재한다. 이곳은 더 이상 나를 중심으로 돌아가지 않으며 누군가에게 의지할 수도 없기에 내 일은 내가 처리하고 책임져야 한다. 또한, 예전처럼 쉽사리 달면 삼키고 쓰면 뱉는 행동이 용납되지 않는다. 이런 직장 학교에서 우리는 살아남기 위해 삶의 전략과 기반을 하나씩 다져 나간다.

아이는 새로운 사람, 관계, 물건, 음식 등을 경험하면서 삶에서 흥밋거리를 하나씩 찾아 나간다. 나는 무엇을 좋아하고 싫어하는지, 잘하는 것은 무엇이고 못하는 것은 어떤 것인지를 탐구하며 각자 적성과 능력을 확인한다. 동일하게 사회 초년생은 직장이라는 새로운 세계에 발을 들여놓으면서, 한단계 깊이 있는 경험과 학습을 통해 적응과 성장을 위해 필요한 능력을 또 한번 탑재한다.

초기에 성장을 위한 기반을 안정되게 구축하고 자신과 직장을 이해하면서 우리는 나름대로 슬기로운 직장생활의 발판을 만든다. 나를 알아간다는 것, 즉 내 적성과 능력을 정확히 인지하고 직장 생리를 이해한다는 것은 누구에게나 중요하지만 누구나 이러한 과정을 지혜롭게 해나가진 못한다. 수용하고 적용할 자세가 되어 있지 못하면 직장에서 성장은 힘든 여정이 된다.

안타깝게도 우리는 많은 것을 미래로 돌리며 살아왔다. 먹고 살기에 정신 없었던 과거와 달리 새 세대는 조금 더 안정되고 윤택한 삶의 기반이 가능했음에도 현재의 만족과 즐거움을 뒤로 미루는 것을 택했다. 쉬고, 즐기고, 누리고 싶은 것들이 눈앞에 있는데도 미래의 행복을 위해 미루다 보니 화, 짜증, 분노 등의 감정이 터지기 일보 직전이었다. 이런 상태에서 사회초년생이 경험하는 직장은 그렇게 긍정적이거나 도전적이지도, 만족스럽지도 않았을 것이다.

그렇게 해서 직장생활의 관계, 주어진 업무, 조직문화, 평가 등 모든 것에 불만이 생기고, 선택에 대한 후회가 앞서다 보면 부정적인 생각과 감정이 앞서 큰 그림을 놓친다. 특별할 것 같았던 첫 직장생활, 나를 깨어 있게 하는 활력 넘치는 현장, 존재감을 알릴 수 있는 다양한 기회를 상상했던 입사 초와는 달리 경험 하나하나가 실망스럽다.

충분히 공감하는 이야기다. 우리 모두는 시대 변화에 따라 사회, 문화 교육, 정책, 경제라는 제도 안에서 어느 정도 피해자이기 때문이다. 하지만 이 피해자 신분이 주인이 되어 앞으로의 삶을 이끌어가면 안 된다. 과거 문제는 과거에 묻고 우리는 현재와 미래를 바라보며 새로운 삶의 기반을 다져야 한다.

그러므로 우리는 내가 선택한 직장을 최고의 교육 기관으로 만들어야 한다. 관계를 배우고, 일의 시스템을 이해하며, 전문성을 키우고, 다양한 인접 영역을 차분히 학습해 나가면서 정글로 나아가기 위한 여정을 충실히 준비해야 한다. 내 생각이나 가치 기준과 다르다고 해서 부정하거나 반기를 들기보다는 학습자로서 이해하고 수용하며 적용할 수 있는 마음 준비가 필요하다.

때론 경험하고 학습한 것이 내 생각과 다를지라도 그것이 현실이며 정글의 생리일 수 있음을 잊지 말자. 표면적인 부분을 보며 비판하기보다는 인과관계를 찾는 훈련을 통해 내가 살아가야 할 정글을 이해하려고 노력해보자.

○ ◑ ●

사회 초년생으로서 일잘러들은 일할 때는 일에 집중하며 최선을 다해 배워야 한다. 그러기 위해 배우는 사람으로서 자세가 중요하며 이 기준을 가지고 직장인과 사회인으로서의 기반을 다져간다. 그럼에도 이제 갓 직장생활을 시작한 그들의 삶이 늘 즐겁고 편하지만은 않다. 때론 좌절하고, 실망하며 자신과 조직을 탓하기도 한다.

하지만 그들은 알고 있다. 시간이 지나면 다양한 학습과 경험이 단단한 삶의 기반이 될 수 있음을. 그리고 어느 날 새롭게 시작할 인생 2막을 준비하는 데 큰 힘이 될 것을. 때론 견디기 힘들 정도의 좌절과 아픔을 경험하며 이젠 정말 그만두어야 한다는 생각도 수없이 해보지만, 이번의 인내로 쌓일 내공을 기대하는 심정으로 정글을 향한 맷집을 키워 나간다.

어떤 조직이건 사람이 모인 곳에서 굴러온 돌이 빠르게 자리를 잡으려면 많은 시간과 에너지가 필요하다. 이것을 최소화하는 최선의 전략은 긍정적인 부분에 집중하는 것이다. 이제 막 직장생활을 시작하는 초년생에게는 더더욱 이런 시각이 필요하다.

과거는 현재의 기반이다. 이제 내가 서 있는 현재가 미래를 결정할 수밖에 없다. 풍성하고 긍정적인 미래를 꿈꾼다면 현재의 긍정적인 기반을 잘 키워 나가기 바란다.

23

중년차: 실무 기반과 울타리를 만드는 시기

○

◐

●

사회초년생 티를 벗어나 직장에서 관계도 일도 다양하게 경험하다 보면 어느덧 중간 위치에 다다른다. 대리, 과장, 차장 등 5~10여 년의 시간을 보내고 이제 막 '중고생'이 된 그들은 실무에도 관리에도 최선을 다해야 하는 중요한 시기에 가장 바쁜 나날을 보내게 된다.

직장생활 중년차는 이제 조직에 대한 이해를 바탕으로 깔고, 역량을 제대로 발휘할 시기이다. 그러다 보니 그야말로 업무와 관리 사이에 혼란을 겪는다. 더불어 윗사람에게 보고하는 게 주된 업무이다 보니 임원이나 상사에게는 늘 욕받이 대상이 된다. 일은 일대로 열심히 해야 하면서도 가장 많이 깨지는 시기이기도 하기에 때론 옆에서 보고 있자니 안타까운 마음이 든다.

더불어 자기계발에 최선을 다해야 하는 최정점이다. 전문 역량을 최대치로 끌어올리며 진로의 기반을 다지는 시기다. 그러다 보니 밤낮 에너지를 많이 사용해야 하는 모습이 애처롭지만 어느 정도 연차가 차면 이렇게까지 힘들고 바쁘게 살지는 않아도 되리라 꿈을 꿀 수 있기에 옆에서 다독거릴 수밖에 없다. 하지만 당사자에게는 갈 길이 멀게만 느껴진다.

힘들고 바쁘고 정신없지만 가족도 소홀이 할 수 없다. 결혼 시기에 따라 차이가 있겠지만 이제 초중등생 자녀들을 바라보며 가장으로서 책임감을 느낀다. 나에게 써야 할 에너지도 늘 모자라지만 자녀 교육과 놀이, 부부 관계에도 그리고 확장된 가족에도 많은 에너지가 필요하기에 휴식은 늘 부족하고 피곤하기만 하다.

일과 삶을 기준으로 인생에서 가장 바쁜 시간을 보내는 시기가 이쯤 아닐까 생각한다. 실무에 있어 단단하게 기반을 만들고, 일과 사람을 관리하는 역량을 키울 시기이기에 어느 때보다 에너지 관리가 중요하다. 더불어 최근 결혼 연령이 조금씩 늦어지면서 육아까지 어느 정도 책임을 분담해야 하는 연차가 직장 중년차다.

뿐만 아니라 본인의 전문성을 극대화하고 이를 기반으로 인생의 방향성을 확고하게 만들어가야 할 시기이기에 자칫 몸도 마음도 문제가 생길 수 있는 위험한 시기다. 다행히 아직은 몸이 스트레스를 감당할 정도가 되는 듯해 하루하루를 버티며 직장에 무언가를 보여주기 위해 애쓴다. 하지만 몸과 마음의 건강을 확신해서는 안 될 시기이기도 하다.

그러므로 휴식 시간이 조금 더 늘어나야 함에도 일과 삶에 있어 지위와 역할이 급격하게 바뀜에 따라 중년차는 다양한 영역에서 팔방미인이 되어야 한다. 이렇게 그들은 쉴 새 없이 여기저기를 뛰어다닐 수밖에 없는 처지다.

주중 피곤이 누적되면서 쉬고 싶은 마음이 간절한 주말이지만 캠핑도, 여행도, 소소한 시간도 함께하기에 쌓이는 피곤을 감당하기가 점점 힘들어진다. 물론, 이러한 모든 시간이 활력을 주는 건 사실이다. 하지만 꼭 필요한 에너지를 즐겁게 사용했다고 해서 피곤이 사라지는 것은 아니므로 다양한 지위와 위치에 따라 일과 삶을 조화롭게 관리하는 것이 중년차의 가장 중요한 관리 영역이다.

그러므로 내가 가지고 있는 에너지 총량이 어느 정도인지를 스스로 잘 알고 분석할 수 있어야 한다. 어디에, 어떻게, 어느 정도 에너지를 분산시키며 일, 리더십, 관계, 자기계발에서 실력을 발휘할 것인가가 삶의 전략에서 핵심이 된다.

어느 수준 이상이 되면 우리 신체와 정신에는 과부하가 걸릴 수밖에 없고 이로 인해 육체적, 정신적 질병에 시달린다. 아직은 충분히 챙기고 관리할 수 있는 시기이니만큼 지금부터 내가 가진 시간과 에너지를 잘 관리하는 것이 중요하다.

더불어 건강하고, 잘할 수 있다는 기대를 늘 받는 시기이기에 때론 힘들어도 지쳐도 있는 그대로를 말할 수 없다. 그래서 그들을 바라보면 늘 안쓰럽고 걱정스럽다. 주변에 있는 중년차 후배들을 만나고 이야기할 기회가 생기면 늘 던지는 말이 있다. "힘들 땐 힘들다고, 아플 땐 아프다고 말할 수 있는 것도 대단한 용기야."

○ ◐ ●

중년차가 된 일잘러들은 일에서뿐 아니라 삶을 적극 관리한다. 기본적으로 자신이 버틸 수 있는 육체적 · 정신적인 기준을 세우고 지속해서 상태를 확인한다. 평소와 다른 피곤함, 갑작스러운 염증, 체온, 체중, 감정 기복, 인내력의 고갈 등을 직감하면 언제라도 활동을 최소화하며 쉴 시간과 공간을 만든다.

이렇게 육체적 · 정신적 상태가 평소 에너지 수준보다 떨어지면 우선순위에서 밀리는 일, 약속, 활동 등을 가능한 한 연기한다. 동료나 지인과의 술자리는 줄이고, 자녀와 함께하는 시간도 양보다는 질을 높이며 나만의 시간과 공간을 찾는다.

회사에서 진행되는 다양한 업무도 혼자 모든 걸 책임진다고 생각하지 않는다. 이후에 항상 억울함이 강하게 올라오는 것을 알기 때문이다. 그러다 보니 항상 상급자와 업무에 대해 상의하고 최대한 공평하게 업무를 나눌 수 있도록 노력한다. 때론 이렇게 하는 것이 일을 하기 싫은 것으로 보일 수 있겠지만, 맡은 일에 최선을 다하다 보면 기우였음을 알게 된다.

세상에서 무엇보다 소중한 존재는 나다. 때론 정신없이 바쁠 수밖에 없는 기간이 있다. 그럴 때야 무슨 말이 필요하겠는가? 중요한 건 이후 조금이라도 여유가 허락된다면 그 소중한 시간을 어떻게 사용할 것인가를 미리 생각해두자는 것이다. 그렇게 해야만 소중한 시간을 잘 관리할 수 있다.

24

고년차: 1인 기업가로 독립하는 시기

○
◑
●

입사 초기부터 생각해왔던 직장 이후의 화려한 내 모습은 아직까지 상상 속에만 존재한다. 무언가를 지속해서 해보려고 노력했지만 언제나 다람쥐 쳇바퀴처럼 같은 자리만 맴돌았다. 뒤돌아 생각해보면 미래를 불안해하기만 했지 제대로 준비한 건 없다. 직장생활은 열심히 했다고 스스로 위로하지만 변명거리로밖에 들리지 않는다.

상담하거나 동료와의 대화에서 가장 많이 다루는 직장인의 고민 거리는 '퇴직 이후'의 삶이다. 물론, 대놓고 이야기할 주제가 아니다 보니 상담실에서 또는 고민을 털어놓을 때 주로 다룬다. 사실 초년, 중년, 고년차 모두가 공통적으로 갖는 삶의 고민이며 현실일 수밖에 없다.

어찌 보면 직장인의 불안과 우울의 기저는 직장 이후 삶을 예상할 수 없는 데 있다. 안타까운 것은 대부분 고민하고 불안해하면서도 구체적인 실천은 드물다는 것이다. 길게만 느껴졌던 직장생활은 어느덧 퇴사를 맞는다. 지나고 보니 겨우 점 하나 찍은 듯하다.

가끔은 퇴사를 앞두고 변명거리를 찾거나 회사를 탓하는 경우도 많이 본다. '내가 평생 회사를 위해 얼마나 희생했는데 대가가 고작 이것밖에 안 돼!' 안타깝지만 회사와 나는 계약으로 맺어진 관계이며, 회사는 내 삶을 책임지지 않는다. 나 외에는 미래를 책임질 사람이 없다.

퇴사는 직장인의 운명과도 같기에 고년차는 업에 대한 이해를 통해 관리 전문가가 되어야 하며 동시에 미래 준비에서도 전문가가 되어야 한다. 내가 몸담은 직장과의 이별이 자의건 타의건 언젠가는 예정되어 있기에 미래 준비는 지금, 바로 여기서 시작해야 한다.

고년차는 이래도 욕 먹고, 저래도 욕 먹을 가능성이 큰 시기다. 저년차는 고연봉인 그들이 무엇을 하는지, 일은 많이 안 하는 것 같은데 어떻게 그 자리에서 버티는지를 예의주시한다.

이제 40을 넘어 50까지 바라보다 보니 순발력도, 지구력도 예전 같지 않다. 늘 피곤하고, 집중력도 떨어지며 신체 여기저기서 이상 소견이 발견된다. 예전 같으면 며칠씩 일에 매달리고, 반복되는 회식에도 버티던 강철 체력이었는데 어느덧 이어지는 술자리는 꿈도 못 꾸고 10시 즈음 스르르 잠이 든다.

어린 시절 그토록 싫어하던 아버지를 보면서 나는 그러지 말자고 굳게 다짐했건만 이제는 어느덧 그 모습을 닮아가고 있다. 코를 골기 시작하면서 혼자 떨어져 자는 게 마음 편하다고 생각한다.

안타까운 현실이지만 아직도 가장으로서의 책임은 여전히 무겁고, 살아가야 할 날들은 많이 남아 있기에 언제까지 이렇게 지친 몸을 이끌고 회사 생활을 이어갈 수 있을까, 걱정과 두려움은 하루하루 커져만 간다. 이제는 막연한 생각이 아닌 현재와 미래에 대한 현실적인 대안을 심각하게 고민할 시기가 되었다.

사회 초년생 시절 막연하기만 했던 미래는 이제는 현재가 되었고 더 이상 게으름은 용납되지 않는다. 그간 쌓았던 전문성을 가지고 나만의 필살기를 새롭게 만들고 이를 기반으로 다음 플랜을 준비해야만 하는 시간이 된 것이다.

그러므로 어느 시기보다 경력개발, 자기계발이 절실해졌다. 회사라는 테두리 안에서 쌓아온 전문성을 기반으로 시대와 트렌드를 반영한 나만의 세계를 만들기 위해 다양한 분야의 정보를 하나씩 끼워 나가는 작업을 지금부터라도 시작해야 한다. 더 적극적으로 세대를 이해하고, 다양한 문화를 파악하며, 전문성에 엣지Edge를 더해야 한다.

이러한 작업을 통해 완벽하지 않지만 새로운 스텝에 대한 청사진이 그려져야 하며, 그 가이드에 따라 가능한 선에서 미약하지만 경험을 키워 나가야 한다. 물론, 첫 스텝이 쉽지만은 않을 것이다. 새로운 것들에 대한 두려움이 항상 따르기 때문이다. 하지만 뒷방 늙은이 패턴에서 벗어나려면 불안과 두려움을 이겨야 한다.

○ ◑ ●

일잘러들은 차분히 다음 스텝을 위한 작업을 시작해왔다. 언제부터인지는 모르겠으나 직장을 다니면서도 차근차근 '1인 기업'으로 자신을 만들어갔고 스스로 그렇게 대우했다. 자신의 몸값을 높이기 위해 학문과 경험에서 요구사항을 충족해갔고 스스로 마케팅을 시작했다. 그것이 회사를 대상으로 했든 대중을 대상으로 했든 한번도 이 기준을 놓지 않고 한 단계 한 단계 조금 더 요구를 충족시켜 왔다.

어려운 선택이었지만 잠시 회사를 떠나 학위를 취득하기도 하고, 필요한 정보가 모이는 곳이라면 여기저기 가리지 않고 찾아 다녔다. 그러나 보니 어느덧 회사를 벗어나 나만의 인맥이 생기고 그들을 통해 많은 것을 보고 배우고 경험했다. 더불어 회사에서 익힌 업무 시스템을 내 삶에 적용함으로써 그저 그런 직장인이 아닌 전문가로서 나를 한 단계 성장시켰다.

새로운 것을 시작하려면 항상 불안과 두려움이 따른다. 그럼에도 새로움에 대한 시도가 없다면 불안과 두려움을 관리할 수 없다. 다음을 위한 준비 과정에서 '내가 선택한 길이 정답이 아니라면', '내가 해낼 수 있을까'라는 두려움과 끊임없이 투쟁하는 용기가 필요하다.

5부

꼰대와 무개념 사이에서

시대가 지나도 달라지지 않는 것들이 있다. 정치나 교육의 어두운 단면을 이야기할 때 늘 언급되는 이야기다. 시대, 사업 구조, 시장, 조직문화, 인력구성 등이 확 달라져 조직도 당연히 그에 맞추어 가야 하지만 바뀌지 않는 단면이 있다. 변화를 간절히 바라지만, 바람만큼 변화 속도를 체감하기 어렵다.

하지만 누군가는 변화를 주도해야 하고 그 변화에 따라 그곳에도 빛이 들어와야 한다. 5부는 특히 리더가 들어야 할 이야기다. 변화의 핵심 주체는 리더이기 때문이다. 상향식 변화도 중요하지만 위에서부터 변화가 미치는 영향만큼 크지는 않다.

25

답을 찾아야 한다는 강박

○
◑
●

누구에게나 자신만의 답을 찾아가는 과정이 있다. 하지만 주변에는 유난히 본인이 찾은 답과 과정만 옳다고 착각하고 우기는 사람들이 꽤 있다. 이런 사람들과 대화를 하다 보면 앞뒤 꽉 막힌 듯한 느낌이 든다. 이런 사람들이 직장 내에 제법 된다.

세상 모든 문제에는 완벽한 정답이 없다. 단지 다양한 문제에 대해 경험적으로 근사치에 가까운 답을 정하고 그 답을 찾아가는 과정을 어느 정도 도식화하는 시도가 필요하다. 옳은 길보다는, 답을 찾아가는 과정에서 얻는 다양한 경험치가 그 거리를 좁힐 뿐이다.

어린 시절부터 똑똑하다는 평을 받으며 주변의 관심 속에서 성장했다. 안타까운 것은 그를 정서적으로 따뜻하게 감싸주고 공감해줄 부모가 주변에 없었다. 늘 바쁜 아버지와 자신밖에 모르는 어머니는 공부 잘하고 똑똑한 아이로 주변의 자랑거리가 되길 바라며 아이를 양육했다. 그러다 보니 아이의 생존 전략은 늘 자신의 최선과 최고의 모습을 보여주고 칭찬과 사랑을 받는 것이었다.

마음 한구석이 항상 공허했지만 크게 힘들 정도의 좌절이나 실패를 경험하지도 않았다. 늘 좋은 성적으로 남들이 부러워하는 학교를 무사히 마쳤다. 이후 좋은 회사에 입사하여 상사에게 항상 능력 있고 충성심 강한 사람으로 인정받으며 엘리트 코스를 밟으며 안정적인 직장생활을 이어 간다. 어린 시절 부모를 위해 쌓았던 기준을 직장 상사에게 투영해 윗사람에게 인정받는 것을 성인기 생존 전략으로 삼았다.

문제는 함께 일하는 동료나 후배들은 늘 그로 인해 직장생활에서 위기를 겪는다는 것이다. 시간이 지나면 지날수록 골은 깊어지고 팀을 옮기거나, 퇴사하는 후배는 늘어 갔다. 쌍방향 소통이 힘들었고 자신의 성장을 위해 동료를 이용하며 관계를 이간질했다. 후배들을 몸종처럼 대했고 업무를 핑계로 교묘하게 괴롭혔다.

모든 사람에게 그런 것은 아니었다. 팀이 다르거나 업무와 연관성이 없다면 항상 좋은 선후배로 긍정적인 평판을 받았다. 다양한 루트를 통해 문제가 제기되긴 했으나 워낙 실적이 좋고, 관계가 좋았기에 승승장구를 위한 길은 방해받지 않았다.

어느덧 임원이 된 그는 그간 조금은 눌러뒀던 자기애성 성격 장애narcissistic personality disorder 기질을 본격적으로 드러내기 시작한다. 이들은 자신을 생각할 때 타인과는 비교되지 않을 정도로 우월하다고 여겨 일상 생활에 적응하지 못하며, 인간 관계에서 공감이 결여되고 과도하게 자신에 대한 존경을 요구한다. (용납할 만한 범위에 있어) 병리로 평가하기는 애매한 수준이긴 하다.

자기 선택이 정답이고 최선이라는 생각 때문에 누군가가 가져온 기안은 대부분 마음에 들지 않는다. 그러다 보니 회의나 보고 시간에 큰소리가 자주 난다. 혹시라도 다른 의견을 제시하면 결과는 항상 비참할 수밖에 없다. 돌아오는 크고 작은 모욕을 누군가는 감당해야 했다. 업의 이해를 바탕으로 한 논리적인 과정보다는 본인이 원하는 답을 강요했고, 결정권자의 생각을 우선 반영하다 보니 결과는 산으로 향할 경우가 많았다.

본질을 따지고 과정에 집중하기보다는 과제의 의도와 '그분'이 원하는 답이 무엇인지 퍼즐을 맞추는 일에만 관심을 가질 수밖에 없다. 실무자 입장에서는 답을 찾는 과정보다는 정답을 빠르게 찾아내기 위해 전전긍긍할 수밖에 없다.

○ ◑ ●

일잘러들 역시 다양한 상사와 동료들을 경험했다. 때론 누구보다 좋은 사람이기도, 때론 다시는 함께 일하기 싫은 사람이기도 했다. 근사치에 가깝게 함께 정답을 찾아가길 원하는 사람이 있는가 하면 자신이 정해놓은 정답을 설명하기 좋게 풀어가길 고집하는 사람들도 있었다.

이러한 과정을 통해 그들은 깨달았다. 내가 원하는 답만 강요한다면 성장과 변화는 없다는 것을. 그래서 그들은 먼저 듣는다. 내 생각과 다소 틀리더라도 큰 그림에 문제가 없다고 판단되면 믿고 따르기로 결심했다.

내 고집을 강요하고 나와 다르다는 이유로 상대를 저평가하는 것이 문제 해결에 도움이 되지 않는다는 것을 가슴으로 이해하게 되었다. 뿐만 아니라 그들이 경험했던 비호감 표현이 누군가에게 얼마나 큰 상처가 되는지를 알기에 감정과 부정적인 표현은 최소화하려고 노력한다.

더불어 누군가가 나와 상반된 의견을 제시했다고 해서 나에 대한 공격과 부정으로 받아들이지 않는다. 세상은 흑백만이 아닌 다양한 색깔이 있는 것처럼 누군가의 의견에도 흑과 백만 존재한다고 생각하지 않는다. 그렇게 때문에 더 들을 수 있고 수용할 수 있다. 경제구조가 복잡해질수록 다양한 답과 해결 과정이 필요하기 때문이다.

일잘러들은 직장생활에서 나뿐 아니라 동료와 후배가 상생해야 나와 회사를 위한 성장이 있다고 믿는다. 그러므로 나만 생각하기보다는 동료와 후배의 성장을 위해 항상 배려의 공간을 만들어둔다. 나와 그들이 함께 성장하기 위한 것이므로 누군가의 의견을 듣고, 존중하고, 받아들이며 리더의 자질을 갖춘다. 하지만 이 과정에는 경청하고 수용하는 조직 문화가 뒷받침되어야 한다.

26

정당한 보상 너머에 있는 것들

○
◑
●

'당근'의 장단기 실효성은 이미 많은 연구에서 확인되었다. 더불어 채찍이 단기 효과는 있으나 장기 효율성은 떨어지며, 반복될 경우 부정적인 영향력만 강해진다는 것 역시 확인되었다. 하지만 연구 결과와는 달리 우리 삶은 당근보다는 채찍이 우선한다.

이론적인 결과를 들으면 머리로는 충분히 이해하지만 가슴으로 이해해 실천까지 가기는 쉽지 않다. 일의 성과가 인간관계를 통해 이루어질 수밖에 없다면 결과적으로 당근을 기반으로 한 조직문화가 필요하다. 인정, 배려, 고마움, 칭찬, 이해라는 인격적인 당근에 관대한 조직이 되어야 한다는 것이다.

직장생활에서 일이야 늘 어렵고 부담스러울 수밖에 없다. 우리는 이 부분은 당연하게 받아들인다. 우리를 불안하게 하는 것은 "당근에는 인색하고 채찍에는 관대한" 조직문화다. 일이 힘들고 어렵다기보다는 그 결과로 예상되는 채찍이 두려운 것이다.

일단 한두 번은 소위 '깨져야' 한다는 전제가 밑바닥에 깔려 있으면, 일을 즐기기보단 깨지지 않으려고 변명거리를 찾을 수밖에 없고, 일의 과정은 두려움과 불안의 연속이 된다. 여기에 하나 더, 기분이 별로인 이유는 그렇게 실컷 '깨놓고' 분위기가 이상해지면 '다 널 위한 거야', '일은 이렇게 배워야 제대로 배우는 거야'라는 등 채찍을 정당화하는 말을 서슴지 않는 것이다.

직장생활을 하면서 개인적으로 수고에 대한 고마움이나 칭찬은 얼마나 자주 표현했는가? 물론 직장생활에서 일이란 급여라는 제도를 통해 보상이 주어지는 노동 행위이기에 자연스러운 가치 교환 과정이라고 생각하는 사람도 있다. 특별히 상하 관계에서 누군가가 지시한 일에 대한 결과물은 조직 안에서 이루어지는 당연한 과정으로 치부되기 쉽다.

하지만 우리는 대중교통을 이용하거나, 물건을 구매하거나, 서비스를 요청할 때 등 서비스나 상품을 구매해 가치 교환이 이루어질 때도 자연스럽게 고마움을 표현한다. 반면, 조직 안에서 들인 수고와 노력은 이상하리만큼 당연하게 여긴다. 더불어 서비스를 제공했음에도 당근보다는 채찍이 강조된다.

물론, 수고의 경중을 따져 평가하고 보너스를 지급하거나 감사장이나 표창장 등으로 보상하기도 한다. 하지만 그러한 보상조차도 그간 채찍의 무게가 너무 버거워 효용성이 빛을 잃는다. 즉 당근이 보상으로서의 기능을 제대로 하지 못한 셈이다.

사실 우리가 바라는 당근은 그때그때 인격적인 보상이 주어지는 것이다. 즉, 마음에서 우러나오는 배려와 고마움 그리고 칭찬 등이 그것이다. 이러한 인격적인 보상은 친밀감을 높이고, 일에 대한 보람과 회사 및 상사에 대한 충성도를 자연스럽게 끌어올린다. 이러한 기반이 마련되어야만 비로소 채찍이 진정한 채찍으로서 역할을 한다. 이것 없이 채찍은 불안과 두려움만 남기고, 일과 사람에 대한 긍정적인 인식을 깎아내릴 뿐이다.

급히 보고를 요구받거나 빠른 결론이 필요할수록 채찍의 강도는 조금씩 강화된다. 이런 상황에서는 감정이 통제되지 않은 채 다양한 막말을 쏟아놓기 쉽다. 이렇게 되면 어느 순간 머릿속은 멍해지고, 평소 쉽게 하던 일도 실수가 잦아진다.

그러다가 다행히 상황이 어느 정도 정리가 되면 언제 그랬냐는 듯이 '어쩔 수 없었다', '다 널 위해 그런 거야', '나라고 그러고 싶어서 그랬겠냐' 등 다양한 핑계 속에 술 한잔하면서 풀어버리자는 제안을 받는다. 하지만 루틴은 바뀌지 않는다. 모든 과정은 당연시되고 미안한 감정은 사라진다.

물론 그들도 정신없다는 것은 충분히 이해한다. 그럼에도 짧은 말에 담겨 있는 채찍은 낮은 자존감에 또 한번 상처를 만든다. 나이도 먹을 만큼 먹었다. 생계형 직장인으로서 비애는 커져만 간다. 직장생활이라는 게 이런 거라고 스스로 위안하지만 해결되는 것은 없다.

"이 또한, 지나가리라." 삶과 죽음의 고통을 벗어나고 싶다는 바람이다. 직장생활이야 삶과 죽음을 가르는 정도는 아니지만 때마다 되풀이되는 채찍질은 마음과 정신건강에 너무나도 큰 고통을 가져다준다. 이럴 수도, 저럴 수도 없는 현실이기에 되도록 빨리 늪과 같은 고통의 시간을 벗어나고 싶다.

○ ◑ ●

일잘러 역시 때론 자존심이 상하고 마음의 상처와 에너지 고갈을 경험한다. 맡겨진 일에 최선을 다하고 좋은 결과물을 만들어내려고 스스로 동기를 부여하지만 당근보다는 채찍에 관대한 조직문화 속에서 무력감에 고통스러웠던 시간이 많았다.

그래도 함께하는 동료들이 있어 서로 의지하며 힘을 얻을 수 있어 다행이었다. 적당한 뒷담화도 순간의 화를 식히는 데 도움이 되었으나 무엇보다도 나를 지킬 수 있었던 것은 문제의 원인이 내가 아닌 그들에게 있다는 깨달음이었다. 누군가가 휘두른 채찍은 자기 우월감을 드러내기 위한 표현이며, 이를 통해 자기만족과 쾌감을 얻으려 한다는 사실을 일잘러들은 잘 알았다.

따라서 일잘러는 누군가의 먹잇감이 되지 않기 위해 끊임없이 마음을 다스려야 했다. 필요에 따라 전문가에게서 상담을 받아가며 정서적 안정을 위해 최선을 다했다. 그러면서도 채찍을 통해 자기 문제를 상대에게 전가하는 나쁜 문화의 기반을 만들지 않기 위해 당근 전략을 늘 마음속에 품었다.

이제 리더의 자리에 선 일잘러들은 인격적인 당근을 통한 긍정 관계와 안정된 조직문화를 만들기 위해 노력한다. 이러한 기반이 형성되어야 일이 보람되고 풍성한 결과를 만든다는 것을 알기 때문이다. 물론, 어쩔 수 없이 채찍을 사용해야 한다면 내 입장이 아닌 누군가의 입장을 항상 배려하려고 노력한다.

업무를 통해 만들어진 결과물은 분명 누군가의 수고와 노력의 산물이다. 우리는 결과물 수준을 논하고 평가하기에 앞서 수고에 대한 정당한 인정부터 시작해야 한다. 진정한 고마움이 표현되었을 때라야 비로소 채찍은 진정한 채찍으로서 제 역할을 한다. 그러므로 채찍이 아닌 당근이 우선되는 조직문화가 필요하다.

27

언제까지 빨리빨리만

○
◐
●

우리는 그렇게 급하지 않은 일들도 늘 전쟁 치르듯 너무나 서두르며 처리해왔다. 윗분이 찾으시니, 사안이 시급하니 등등 이유를 들어 말이다. 물론, 시급을 다투는 보고가 필요할 때가 있다. 하지만 단지 누군가가 찾으니 빨리 하라는 식이 많아지면, 정말 중요한 일이 뒤로 밀리는 경우도 생긴다.

그렇게까지 시급을 다툴 필요가 없는 일에는 분초를 아껴가며 보고를 준비하고, 끝나고 나면 무엇 때문에 이렇게까지 정신 없어야 했을까를 떠올리며 '현타'를 느낀다. 정말 시급한 상황이 아니라면 일 시키는 사람도, 처리해야 하는 사람도 이제는 조금 느긋해도 되지 않을까?

'빨리빨리' 문화가 전쟁 직후 경제 성장과 안정에 크게 기여한 것도 사실이다. 뛰어난 국민성과 타고난 능력이 있었기에 가능했던 성장이었다. 석유화학, 조선, 건설, 반도체 등등 다양한 영역에서 놀라운 기록을 갱신하며 전 세계의 찬사와 부러움을 한몸에 받았다. 하지만 '빨리빨리'로 인한 노동시간 증가와 조직문화, 업무 품질은 경제적 성장에 비해 너무도 낮은 수준의 기준을 만들었고, 이로 인해 세상은 다시 놀랐다.

군대 문화를 경험한 성인이 주로 조직문화를 주도하면서 상명하복과 '빨리빨리'가 고착되었다. 그리고 세상이 극적으로 변했음에도 조직문화는 구습에서 벗어나지 못하고 있다. 세상이 부러워할 경제 성장과 안정, 삶의 질 개선을 경험하고 있음에도 우리의 조직문화는 아직도 후진성을 답습한다. 시간이 흐를수록 괴리는 커가고 이로 인한 갈등의 골은 깊어져만 간다.

이제 더 이상의 기적과 같은 급속한 성장은 오지 않는다는 현실을 자각하며, 80, 90년대에 일구지 못하고 놓치고 있었던 일에 대한 표준을 정립해야 함에도 우리는 여전히 전쟁 준비하듯 보고하고 업무 속도를 조절하지 못하고 있다.

다행히도 새 세대가 일을 주도하게 되고 업과 일에 대한 인식이 다양해지면서 기업은 새 세대에 맞는 새로운 제도를 준비하고 있다. 특별히 글로벌 지향 기업들은 그 수준에 맞는 일의 방식을 깊이 있게 논의하고 선진 기업 벤치마킹 등을 통해 조직문화에 대한 다양한 변화를 시도하고 있다.

이제 제도적인 부분에서는 어느 정도 밑그림을 그린 듯하다. 하지만 아무리 좋은 문화와 제도를 갖추었다고 해도 그것이 조직 안에서 실천되지 않는다면 무슨 소용이 있겠는가? 이제는 우리가 변화를 주도하는 일이 남아 있다. 인간이 변화를 추구한다고는 하지만 그렇게까지 변화에 민감하거나, 주도적이지 않기 때문이다. 머리로는 이미 충분히 이해하지만, 가슴으로 다가가기엔 거리가 너무나 멀기에 실천이 쉽지만은 않다.

그러다 보니 신입사원 교육을 맡게 되면 가끔은 '똘아이가 많았으면' 하는 생각이 든다. 그런 아웃라이어들이 세상을 바꾸고, 조직을 바꿔 나간다는 것을 알기에 그 역할을 해줄 누군가를 기다리게 된다. 진정한 변화는 소수가 주도하고, 그들은 일반적이지 않다는 평을 받을 수밖에 없다. 그럼에도 할 말은 하고, 자기 행동에 책임질 줄 아는 직원이 많았으면 한다.

○ ◑ ●

일잘러들 역시 과거 빨리빨리와 상명하복 문화 안에서 다양한 어려움을 경험하며 성장했다. 하지만 그들은 과거에 안주하며 체제에 순응하지 않으려 애쓴다. 이제 어느 정도 자리를 잡고 모두가 부러워하는 위치에 올라온 그들은, 새 기업환경과 조직문화 안에서 일하는 사람을 이해하고 변화를 주도하려 한다.

급한 보고는 기반이 안정적이지 못하여 산만할 수 있고, 그렇게 하다 보면 문제의 핵심이 흐려진다는 것을 잘 알고 있다. 더불어 일의 경중이 본인의 요구가 아니라 실무자에게 있다는 것을 존중한다. 그러므로 일을 준비시킬 때도 신중할 수밖에 없으며, 상사의 개인 관심사는 되도록 알아서 찾아보려고 노력한다.

또한, 의사 결정자가 변화의 주체가 되어야 한다는 믿음이 있다. 자신이 바뀌지 않으면 아무것도 바뀌지 않는다는 것을 잘 알고 있다. 변화된 문화와 제도가 정착되려면 윗물이 달라져야 하며 그들이 변화의 주도자가 되어야 하기에 상향식이 아닌 하향식 변화를 위해 노력한다. 이렇게 변화는 작지만 조금씩 이루어지고 있다.

빨리빨리 근성을 버리라는 소리가 아니다. 다만, 경중이 구분되지 않는 일처리는 직장을 전쟁터로 만들고, 전쟁이 길어지면 길어질수록 우리는 급격한 소진을 경험할 수밖에 없다는 것이다. 탈진한 군인은 제대로 된 전쟁을 수행할 수 없다.

28

보고는 예술이다

○
◑
●

셀장, 팀장, 임원 1, 2, 3… 기가 막히게 세분화된 보고 체계를 거치다 보면 어느 순간 보고는 산으로 간다. 각 단계마다 보고받는 분들이 한 마디씩만 해도 무언가 결이 맞지 않은 옷을 입은 듯 어색해진다. 그러다 보니 어디서부터 어디까지 보고해야 할까에 고민이 많아진다.

특별히 대세에 지장 없고, 모르고 지나가도 될 법한 일이라 그냥 넘어갈까 하다가도 한 소리를 듣게 될 것 같아 이러지도 저러지도 못하는 상황이 부지기수다. '업무 자율성'을 외치며 보고 체계를 바꾸어보려고도 하지만 시간이 지나도 달라진 것은 없어 보인다.

박사 학위를 마치고 직장생활을 막 시작했을 무렵 '일은 보고로 시작해 보고로 끝난다'라는 말을 들었다. 얼마나 많은 보고서를 작성했는가가 얼마나 많은 일을 했는가의 기준이 된다는 소리로 들렸다. 그러다 보니 회사나 조직이 자주 쓰는 용어와 문체, 보고 대상의 언어 패턴과 선호 형식 등 다양한 특성을 익히고 이런저런 보고서를 작성하기 시작했다.

보고서 작성 자체가 경쟁력이 되기도 한다. 동향 및 현황을 파악하고 필요를 정리하며 관련된 연구 자료를 분석하는 등 경영 전략을 위한 기반을 제공하는 업무가 그렇다. 이런 유의 업무는 보고로 시작해 보고로 마무리되는 경우가 많고, 보고가 끝나면 또 다른 보고가 줄을 서서 기다린다.

이들이 겪는 가장 큰 어려움은 보고받는 대상의 선호에 따라 (결과와 상관없이) 지속해서 문구를 수정해야 한다는 것이다. 더불어 한마디씩 코멘트가 추가되다 보면 내용은 늘어나고 결과는 산으로 간다. 상당한 시간과 노력을 들였음에도 최종 보고 단계에서 전면 수정되거나, 원안으로 돌아가는 경우도 비일비재하다. 동시에 몇 가지 보고서를 장기간 만지작거리고 있어야 하기야 에너지 소진은 생각보다 크다. 물론, 단계가 추가되며 주옥같은 의견이나 간결한 정리 등 업그레이드되는 부분도 있지만, 보고 시간이 길어지다 보면 머릿속은 항상 다양한 보고서로 복잡해진다.

이렇게 보고가 장기화되면 어느 순간 보고를 위한 보고가 시작된다. 혼날 게 분명한 부분은 최소화되고, 설명하기 어려운 부분은 삭제되며, 질문이 나올 만한 부분을 채우다 보면 꼭 필요한 보고 내용은 어느새 사라진다.

더불어 보고가 반복되다 보면 무엇을 어떻게 썼는지조차 희미해지고, 완성도가 떨어지며, 누군가가 원하는 결론을 도출하기 위해 소위 '가라'(근거가 없거나 데이터가 조작된) 자료 사용의 유혹을 받는다. 산으로 간 결론을 어떻게 해서든 다시 바다로 돌리거나, 안 되겠다 싶으면 어떻게 해서라도 산으로 갈 만한 근거를 만들기 위해서다.

혹시라도 보고 이후 실행이 필요하면 시간과의 싸움은 다시 시작된다. 이미 지칠 대로 지친 몸과 마음을 가지고 보고로 늘어진 시간을 최대한 단축하기 위해서다.

이렇게 보고 과정이 산 넘어 산이다 보니 어디서부터 어디까지 보고해야 할지에 관한 고민도 깊어진다. 가볍게 넘어갈 수 있었던 일이 보고가 시작되는 순간 어렵고 복잡한 일로 탈바꿈할 가능성이 높기 때문이다. 대세에 지장 없는 일들이라면 담당자에게 자율권이 있어야 하고, 필요에 따라 구두 또는 약식 보고 과정을 거쳤으면 하는 생각이 지배적이다. 하지만 혹시라도 '왜 보고를 하지 않았느냐'라는 걱정이 앞서다 보면 자율권에 대한 생각은 할 수 없다. 철저하게 뿌리 내린 관리 문화의 잔재를 벗어날 수 없기 때문이다.

물론, 심사숙고 과정을 거쳐야 하는 중대한 결정이야 그만큼 시간과 에너지를 투자해야 마땅하다. 하지만 구두로 해도 될 법한 일을 일일이 보고하는 과정을 거치다 보면 시간도 에너지도 무한정 소진될 수밖에 없다.

○ ◑ ●

일잘러는 보고는 물론 실행에서도 인정받는다. 하지만 그들도 처음부터 잘한 것이 아니고, 항상 성과가 좋았던 것도 아니다. 보고라는 업무는 그만큼 어려운 작업이다. 그럼에도 그들은 문장 흐름을 잘 구성하려고 노력한다. 주어, 형용사, 동사 등을 문법에 맞게 활용하고, 누가 봐도 쉽게 읽히며 이해할 수 있도록 보고서를 작성한다.

내가 아는 이 정도는 다른 사람도 알 것이라는 착각을 철저히 배제하고 초등학생이 읽어도 이해할 만큼 쉬운 보고서를 위해 노력한다. 아무리 잘 쓴 보고서도 보고받는 사람이 받아들이지 않는다면 의미가 없기에 항상 보고받는 사람의 스타일을 이해하고 한 걸음 더 앞서 생각하려고 노력한다.

그러다 보니 그들은 깊이 있는 관계의 중요성을 강조한다. 내 기준이 아닌 상대 기준에 따라 의도를 이해하고 방향을 잡아가야 하기 때문이다. 더불어 의도를 분명히 하기 위해 상대에게 물어볼 수도 있겠지만 어느 정도 관계가 맺어져 있지 않다면 보고의 첫 단계부터 꼬일 수밖에 없다.

이렇게 보고의 달인으로 성장한 일잘러지만, 때론 불필요한 보고도 있고, 과도한 에너지를 사용한다는 느낌을 받을 때도 많다. 그러므로 그들은 성장 과정에서 경험한 불합리한 부분을 후배들에게 강요하지 않는다. 보고를 위한 보고는 최소화하고 본인이 직접 관리할 영역을 정하고 그 외 부분에서는 담당자의 자율성을 최대한 보장한다.

그들은 보고서의 배경, 개요 등 이미 아는 부분은 생략하고 최대한 간략하게 작성하되, 필요한 부분은 구두로 설명할 수 있도록 한다. 이러한 과정을 통해 문장과 틀을 만들기 위해 소비되는 시간을 최소화하고, 필요 없는 지적과 참여를 하지 않는다. 필요할 때 언제나 도움을 주고, 문제가 생겼을 때는 해결을 위해 함께 노력한다. 더불어 경험상 꼭 필요하다고 생각하는 조언은 아끼지 않는다.

다양한 의견이 많을수록 더 좋은 결과가 보장되는 것은 아니다. 더군다나 논지를 흐리고 핵심을 벗어나는 의견이라면 더욱 그렇다. 형식과 틀에 매달려 핵심을 흐리게 하는 과정이 반복되면 실무자의 자율성은 심하게 줄어든다.

이제 핵심을 관통하는 간략한 보고, 어느 정도 결정권을 행사하는 자율성 부여 등을 통해 책임, 의무, 결정에 스스로 참여하는 직장인이 되도록 하는 조직문화가 정착되었으면 한다.

29

변화에 민감해야 할 부서가 가장 둔감하다면

○
◐
●

경영기획이나 인사 등 '지원 부서'는 급변하는 시장환경, 조직문화, 조직 내 다양한 변화 등의 트렌드를 반영해 회사의 전략적인 방향을 결정하고, 일하기 좋은 조직을 만들기 위해 노력하는 부서다. 새로운 전략과 조직문화 등을 만들어가야 하므로 어떻게 보면 가장 유연해야 하는 조직이다. 그러나 실상은 가장 보수적이고 변화에 민감하지 못한 조직 중 하나가 이 지원 부서다.

유연 근무, 재택, 일과 삶의 조화, 복장 자율화, 다양한 복지 혜택 등 새로운 제도와 문화를 만들어내지만, 그것을 만든 주체는 실상 이 행복을 누리지 못할 수도 있다. 어느 조직이나 새로운 제도나 문화가 생기면 언제, 어떻게 사용해야 하는지를 놓고 눈치를 본다. 그러다가 회사 차원의 독려가 시작되면 그제야 마지 못해 등 떠밀리듯 접근하는 식이다.

지원 부서는 다양한 변화 과정에서 막차를 타거나 때론 그 승차권을 아예 얻지 못할 수도 있다. 업의 특성상 현업 부서들을 지원하다 보면 자신을 챙기는 것이 뒷전이 되는 경우가 많다. 오랜 기간 이러한 문화가 고착되다 보니, 지원팀의 피로는 쌓여만 간다. 더불어 상대적으로 누리지 못하는 다양한 제도들로 상실감 역시 커진다.

예전에야 어느 정도 인사팀 같은 지원 부서의 힘이 막강했다. 그러다 보니 충성도가 높은 뛰어난 사람들이 지원 부서를 찾기도 했다. 하지만 급변하는 경제 환경과 시장 논리에 따라 이익 중심으로 재편된 현업 시스템에서는 더 이상 지원 부서에 매력이 없어 보인다. 전문가로 성장하기 어려운 업의 특성, 높은 업무 강도에 비해 인정받지 못하는 환경, 조직 축소 등 다양한 이유로 뛰어난 인재들이 더 이상 지원 부서를 찾지 않는다.

회사 근간을 세우고, 전략을 구축하며, 인재를 영입하고 성장시켜 일에 집중할 수 있도록 다양한 제도와 문화를 만들어가야 할 조직이 왜 이렇게 경직된 모습으로 변해가는 것일까? 다양한 이유가 있겠지만 심리학자의 눈에는 지원 부서의 관리적 특성과 비실적 부서로서 보이는 자기방어적인 태도 때문으로 보인다.

우선, 지원 부서 임원은 대부분 회사 내 관리자 출신이다. 재무 및 인사 관련 업무로 잔뼈가 굵고 국내뿐 아니라 해외 지사 관리 업무를 오랜 시간 해왔기에 관리의 대가라고 할 수 있다. 이런 그들이 조직을 이끌다 보니 세밀한 관리가 주특기일 수밖에 없다. 관리가 촘촘하다 보니 어쩔 수 없이 숨통이 조인다.

특별히 재무는 숫자 하나의 실수도 용납되지 않는다. 그러다 보니 조금의 실수에도 예민하다. 더불어 모든 것을 숫자로 평가받아 왔던 그들이기에 평가 기반 자체가 보수적이다. 근무 역량, 창의성, 인물평, 일의 절대량 등 다양한 평가 척도조차도 설정된 숫자에 따라 달라진다. 인사 역시 뒤지지 않을 정도로 깐깐하다.

이런 분위기에서 성장했고 생활했기에 그들이 관리하는 조직 기반에는 '촘촘함과 깐깐함'이 흐른다. 보수적인 관리와 경직된 문화가 함께 갈 수밖에 없다. 이런 그들을 모시고 있자니 지원 부서는 뭔가 새로운 시도를 하기 어렵고 리더의 기준에 따라 순응하며 눈치를 볼 수밖에 없다. 어찌 보면 '강압적'이라는 표현도 가능할 정도다.

더불어 지원 부서는 실적 부서가 아니다. 다시 말해, 부서가 내는 이익을 숫자로 체감하게 할 실적 기준이 없다. 물론, 다양한 비용을 절감함으로써 회사 이익에 기여할 수 있지만 결국은 제 살을 깎아야 하는 고통이 따를 수밖에 없다. 환산 이익이 그리 많지 않다 보니 조직은 스스로 존재 이유를 설명하고 실천해야 한다. 일을 위한 일을 지속해서 만들어내야 하는 숙명이기에 그만큼 더 오래 앉아 있고, 업무량은 더 많으며, 일찍 출근해 늦게 퇴근하는 것에 익숙하다. 안타깝지만 지원 부서는 생존을 위해 만들어놓은 자기방어의 늪을 헤어나지 못할 확률이 높다.

그러다 보니 조그마한 실수에도 민감하고, 소진으로 인한 격한 감정이 표현되며, 급하지도 않은 일에 급하게 반응하는 습관이 생겼다. 화내거나 인격적인 모욕을 할 이유가 없는 일에도 반사적으로 분노가 표현된다. 그래서 그런지 지원 부서가 상주하는 곳에는 어색한 정적이 흐른다.

조직 내에서 겪는 다양한 어려움도 고통스럽지만 잘하는 부분에 둔감하고 못하는 부분에 민감한 임직원의 반응 또한 회사 생활을 어렵고 힘들게 한다. 지원 부서가 기획하고 제공하는 다양한 서비스는 개인에게 특화되기 어렵다. 누군가는 만족할 수 있지만 누군가에겐 그렇지 못할 수 있기 때문이다. 안타까운 것은 이런 상황이 생기면 지원 부서는 늘 공격 대상이 된다.

〈블라인드〉에 올라온 불평 글들을 살펴보면 고등교육을 받은 사람이 작성한 글인가 의심할 정도의 비논리적이며 원색적인 게시물이 올라온다. 큰 그림에 대한 이해까지는 바라지 않지만 당장 눈앞에 자기 상황만을 바라보며, 입에 담지 못할 불평을 듣다 보면 일에 대한 만족도는 바닥을 친다.

잘하는 부분은 보이지 않고 당연해 보인다. 하지만 조금이라도 못하는 부분은 늘 돋보일 수밖에 없다. 지원 부서는 임직원을 위한다는 사명으로 여러 일을 만들지만. 누군가의 쓰고 강렬한 한마디는 일의 의미를 퇴색하게 만든다. 내가 왜, 무엇 때문에 이 자리에 있어야 하는지 묻는다면 존재를 흔드는 고통이 된다.

○ ◑ ●

사람 사는 곳이라 좋은 말도 좋지 않은 말들도 바라보는 관점에 따라 다양하게 나올 수 있다. 그럼에도 일잘러는 나에게 불편한 것도 조직에는 도움이 될 수 있다는 생각을 한다. 제도나 문화에 대한 호불호는 항상 존재하며, 삶에 기준에 따라 평가되기 때문이다.

하지만 일잘러의 평가 기준 안에는 나만이 아닌 동료, 조직, 회사라는 큰 그림이 포함되어 있다. 더불어 즉흥적이고 감정적인 반응을 자제한다. 누군가는 고민했고, 연구했고, 고생했다는 것을 알기에 짧은 말로 그들의 노력과 수고를 한순간에 무너뜨리지 않으려 한다. 더불어 지원 부서 소속 임직원의 소외감, 압박감, 억울함 등 다양한 감정에 대한 정서적 안정과 보호를 위해 힘써야 한다.

30

세대 공감은 전 세대의 문제

○

◐

●

최근 조직문화에서 가장 핫한 키워드 중 하나는 MZ 세대 이해와 그들을 위한 조직문화 정착이다. 매체들은 MZ 세대가 싫어하는 기업과 조직문화로, 야근 및 주말 출근이 잦은 기업, 업무량 대비 연봉이 낮은 기업, 군대식 문화, 연차나 휴가 사용이 어려운 문화 등 다양한 이슈들을 뽑아낸다. 조직은 새 인재 영입과 정착을 위해 MZ 세대를 이해하고자 다양한 자료를 만들고 워크숍을 진행하며 새롭다고 여기는 조직문화를 궁리한다.

그렇다면 이런 다양한 이슈들이 그저 MZ 세대만을 위한 것이며 과연 그렇게까지 새로운 것일까? 사실 MZ가 원하는 것을 X 세대나 그 이전 세대도 대부분 원한다. 누군가를 위한 새로운 조직문화가 다른 세대를 소외시키지 않았으면 하는 바람이다.

세대차generation gap 문제는 고대부터 있었고, 차이는 영원할 수밖에 없다. 시간 흐름에 따라 경험하는 기술, 경제, 문화, 환경 등이 달랐기에 사고방식과 표현이 다를 수밖에 없기 때문이다. 하지만 인간의 기본적인 욕구는 세대를 관통한다. 하고 싶은 것과 하기 싫은 것은 1960, 1970년생이나 1990, 2000년생이나 모두 비슷할 수밖에 없다.

X 세대도 MZ 세대와 동일하게 재미를 추구하고 주말 출근이나 야근을 싫어하며, 할 말은 하고 싶어 한다. 더불어 '꼰대, 라떼'라는 말을 정말 싫어한다. 단지 그들이 성장했던 조직과 문화는 다양성을 논하거나 받아들일 준비가 되지 않았을 뿐이다. 더불어 권위에 수긍해야 한다는 유교식 교육을 받으며 권위주의 조직문화에 익숙한 그들이다.

그러다 보니 개성과 특성을 드러내기보다는 참고 버티는 것을 미덕으로 여기며 살아왔다. 그게 당연하다고 생각했다. 언젠가는 꼰대질을 당하지 않아도 될 거란 바람으로 말이다. 안타까운 것은 그런 그들이 MZ 세대로부터 꼰대와 라떼 소리를 듣기 시작하면서 어느새 자신이 기성세대가 되었음을 체감한다.

누구나 언젠가는 기성세대가 될 수밖에 없다. 나이가 들어 결혼하고 아이를 키우다 보면 왜 우리 아버지 어머니가 그렇게 했을까를 조금씩 이해하는 것처럼 우리 선배들 즉 기성세대가 조금씩 이해되는 시간이 되었다. 다시 말해 MZ 세대를 위한 관심과 다양한 제도도 물론 중요하지만 급격한 경제, 문화, 사회 변화를 경험하며 혼란스러운 중년과 노년을 맞고 있는 선배들을 향한 관심과 제도 역시 새 세대를 위한 것과 동일하게 중요하다.

40~50대 남성 간부들은 그들이 겪는 마음의 상처에 대해 누군가의 도움을 받는 것을 꺼린다. 얼마나 깊은 상처 속에 심적 고통과 갈등을 겪는지는 그들조차 제대로 인지하지 못한다. 그들은 약함을 받아들이기보단 강해야 한다는 교육과 양육을 받았다. 유년기에 넘어져 아프고 두려워도 혼날 것 같아 표현 한번 제대로 하지 못했다. 남자는 울면 안 된다는 통념 속에 아파도 힘들어도 솔직한 감정을 숨겨야 했다. 아프면 표현할 수 있어야 함에도 그들에게는 하지 말아야 할 억눌린 감정이 되었고, 상처는 되도록 숨기려고 노력했다. 이러한 성장 과정을 겪다 보니 감정의 옳고 그름조차 판단이 안 되어 혼란스럽다.

그들은 제 발로 상담실을 찾아오지 않는다. 문제가 심각해지면 누군가의 도움으로 반강제로 끌려오긴 하지만 아프고 힘들더라도 '다들 비슷하겠지', '스스로 이겨내야 해'라는 생각에 갇혀 해결되지 않는 고통을 쌓아간다.

그럼에도 아이러니하게 그들은 수다쟁이다. 다가오는 상담이 아닌 찾아가는 상담으로 만난 그들은 늘 할 말이 많았다. 전문가이지만 형으로, 동생으로, 동료로 식사, 술, 회의 자리에서 만난 그들은 늘 무언가를 물어보고 도움을 구한다. 그들의 삶 속에 함께 들어가 많은 시간 다양한 형태로 공감을 쌓다 보면 자녀, 부부, 진로 등 마음의 갈등을 하나둘 풀어놓는다.

중년 직장인의 다양한 이야기 보따리에는 전통적으로 자녀 교육, 재테크, 부부관계, 앞으로 먹고살 걱정 등이 들어가지만, 최근에는 '소외감'('세대 갈등'이 아니다)도 빠지지 않는다. 사회 초년생 시절에는 늘 윗사람을 배려해야 했고, 막 간부가 되었을 때는 윗사람과 아랫사람 눈치를 동시에 봐야 했다. 윗사람은 동일하게 대우받고 싶어 했고, 새 세대는 소싯적 우리와 다르니 잘 챙겨주어야 리더 역할을 잘 해내는 것이라는 압박 아닌 압박이 시작되었다.

물론, 새 시대를 열어갈 주역에게 새로운 제도와 문화는 꼭 필요하다. 하지만 기성세대 취급을 받는 40~50대를 위한 제도와 문화는 예전에도 지금도 찾아보기 어렵다. 늘 누군가를 챙기면서도 정작 자신들의 필요나 아쉬움은 드러내지 말아야 했던 낀 세대의 소외라는 아픔을 보듬어야만 한다.

○ ◐ ●

다양한 세대의 일잘러들은 세대 간 이슈를 갈등으로 보기보단 다양성으로 이해한다. 지금도, 예전에도 이러한 다양성은 항상 존재했기에 어느 한편의 시각에서 편협한 정보를 기반으로 보진 않으려 한다. 또한, 어느 한 세대의 문제가 아닌 인간인 우리를 이해하려고 노력한다.

젊은 세대 일잘러들은 기성세대를 단지 꼰대나 라떼로 규정하지 않는다. 더불어 하고 싶은 말을 무조건 내뱉는 것을 자유로 여기지도 않는다. 저것도 언젠가의 내 모습이기에 다양성을 이해하고 변화를 수용하려고 노력한다. 긍정적인 부분은 최대한 받아들이고 부정적인 부분에서는 변화의 주체자가 되기 위해 최선을 다한다.

기성세대 일잘러들은 새로운 세대를 아무것도 모르는 철부지라고 생각하지 않는다. 그들을 시대 변화의 주체이자 세대를 이어갈 주인공으로 여기기에 다양한 정보를 수집하고 그들의 생각과 표현 방식을 배운다. 더불어 자기 세대의 문화와 환경에 따라 형성된 삶을 이해하려 노력한다.

세대 간에 서로 배려하고 이해하려고 노력한다면 누가 옳고 그르다는 판단 없이 갈등은 최소화된다. 더불어 기본적인 감정과 생각의 교집합을 찾을 수만 있다면 어느 세대를 배려한다는 이유로 그 외 세대를 소외시키는 편협한 제도나 문화를 만들지 않을 것이다. 조직문화는 어느 세대가 우선이거나 나중이 될 수 없다. 세대 공감은 전 세대를 아울러야 한다.

6부

일보다 더 중요한 한 가지

쉼의 가치는 단순히 휴식 시간의 길고 짧음으로만 평가될 수 없다. 조금의 틈과 여유도 허락하지 않는 '올웨이즈 온' 시대가 눈앞에 시작되었기 때문이다. 그래서 빠르게 흘러가는 일과 일상 속에서 어떤 시간과 공간의 틈을 찾고, 얼마나 양질의 쉼표를 찍었는지가 무엇보다 중요한 삶의 전략이 될 것이다.

쉼은 또 다른 삶을 위한 생존 전략이어야 하며, 이러한 전략이 있어야 무한한 소진을 요구하는 일의 현장에서 나만을 위한 충전이 이루어진다.

31

또 다른 생존 전략

○
◐
●

우리는 역사상 경험할 수 없었던 빠른 변화를 온몸과 마음으로
느끼며 살고 있다. 그저 가만히 있기만 해도 변화의 중심에 서 있
는 것 같다는 말이 과장은 아닌 듯싶다. 그러다 보니 잠시만 멈춰
있어도 왠지 모를 불안감이 몰려온다. 분초를 다투는 기술의 발
전은 우리에게 안락함을 가져다주었지만, 그 안락함을 즐길 수
있는 마음의 여유까지는 허락하지 않았다. 빠르게 변화하는 세
상에 적응하기 위해 우리의 몸과 마음은 그만큼의 변화에 각성
되어 있을 수밖에 없다.

　그래서 현대인은 분주한 틈 사이에서 여유를 찾는 법을 찾아
가고, 각성된 몸과 마음에 조금이라도 쉼을 주는 것에 열광한다.
마치 운동선수가 훈련을 통해 필요한 신체의 전환 활동을 수행

하듯 우리는 몰입과 쉼 사이의 전환을 생활화해야 한다.

스마트폰 등 다양한 기기들이 세상에 출시되면서 세상은 엄청난 변화를 경험했다. 나 역시 인터넷을 검색할 뿐 아니라, 모바일로 문서를 작성하기 시작했고, 다양한 애플리케이션을 활용하면서 핸드폰은 손에서 뗄 수 없는 필수품이 되었다.

일 처리 속도가 빨라지고, 기다림이 최소화되고 있으며, 편리함은 무한히 확대되고 있다. 반면 그만큼 삶의 여유와 공간이 사라지는 느낌이다. 유용해보이는 이 도구가 짧은 틈 사이, 쉼의 시간과 공간들을 빼앗아버렸기 때문이다.

우리는 매일 다양한 영역에서 새로운 세상을 경험하고 있다. 변화를 감지하고 이해하며 적응하다 보면 또 새로운 것들이 우리를 흔들어놓기에 우리는 늘 새로움에 민감해야 하고 조금이라도 뒤떨어지면 따라가지 못할 것 같아 늘 불안하다.

직장인의 삶은 더더욱 복잡하고 불안하다. 인공지능, 로봇, 자동화 등 과학과 기술의 발전이 가져온 대체물로 우리는 끊임없는 자기계발과 새로운 살길을 모색해야만 한다. 틈을 허락하지 않는 빠른 시스템과 프로세스는 무언가 정리하고 마무리하는 느낌을 가질 여유를 허락하지 않는다.

사실 우리는 이미 꽉 차버린 업무량과 속도 앞에서 간신히 버티는 중이다. 이미 인간이 따라가기 벅찰 정도의 속도감과 거기서 오는 중압감을 경험하고 있다. 이 정도 되면 정상적인 범위는 이미 넘은 듯하다. 그럼에도 시스템과 프로세스는 더 빨리, 더 많은 것을 달성하라고 끊임없이 요구한다.

지속되는 효율화, 투여 인력 최소화, 빠른 결과 확인, 수치화 등으로 조금 더 낮은 비용을 들이면서도 더 탁월한 결과물을 요구한다. 그러다 보니 빠른 변화를 따라가지 못하는 인력들은 푸대접을 받을 수밖에 없다. 문제는 이미 그 기준이 버티기 힘들 정도가 되었다는 것이다.

구글로 대표되는 기업 내 명상이 한창 붐이었던 2010년 초반, 명상 프로그램을 운영할 즈음 풀린 동공, 어두운 피부색에 딱 봐도 피곤함에 절어 있는 40대 초반의 여성 E가 상담실을 찾았다. 점심시간을 활용한 식사 명상과 피로를 풀어주기 위한 와식 명상(낮잠을 위해 오시는 분도 종종 있었다) 프로그램에 참여했던 분으로, 와식 명상 중 코를 골며 잤던 기억이 났다. 그는 근 1년 중 짧지만 가장 깊은 잠을 잤다며 고맙다는 인사를 하기 위해 들렸다고 했다. 이렇게 자연스럽게 상담은 시작되었다.

작년에 팀을 옮기고 마감과 실적에 대한 스트레스가 늘면서 숙면해본 지가 언제인지 기억이 안 날 정도라고 했다. 처음에는 새 업무를 맡으며 당연한 반응이겠거니 생각했다. 하지만 6개월이 넘어 어느 정도 업무 파악이 끝났고, 돌아가는 상황이 보이기 시작함에도 스트레스 수준은 여전했다. 병원 처방을 받아 수면제를 복용하기도 했지만, 기대만큼 피곤이 풀리지는 않았다. 조금이라도 더 자는 게 도움이 되긴 했지만, 다음 날의 집중력 저하가 또 하나의 문제가 되었다.

E는 원래 성격이 예민해 자주 놀라고, 늘 걱정을 달고 살았다. 작은 자극에도 과하게 놀라는 모습이 어린 시절부터 친구들의 놀림거리였다. 성인이 되고 관계의 폭이 넓어지면서 주변으로부터 걱정을 달고 산다는 의견도 자주 들었다. 하지만 예민하고 걱정 많은 성격이 항상 부정적이지만은 않았다. 30대 초반까지야 에너지가 왕성했고, 통제 가능한 것들이 많았다.

그러나 결혼하고, 직급이 올라가고, 다양한 업무를 맡으면서 시간도 에너지도 자신이 감당할 수준을 넘어섰다. 하나하나 신경 쓰고, 고민하고, 걱정하고, 준비하기에는 시간과 에너지가 턱없이 모자랐다. 어느 정도 포기하고 신경도 끊어야 함에도 쉽지 않았다. 보고서를 쓰는데 불현듯 아이들 걱정이 하나둘 시작되기도 했다. 건널목은 잘 건널까? 학교에서 공부는 잘하고 있겠지? 애들이랑 사이는 좋을까? 학원은 잘 갔겠지? 그러다 문득 어제 시작되었던 두통에 혹시 문제가 있는 걸까? 병원에 가보아야 하나? 이렇게 한번 걱정이 시작되면 꼬리에 꼬리를 물었다.

올해 초 업무가 바뀌면서 수면의 질이 극도로 악화하기 시작했다. 이때부터 심각한 입면장애(잠들기까지의 어려움), 수면유지장애(지속해서 잠에서 깨어 안정된 수면 유지가 어려움), 조기각성(일찍 깨어 다시 수면을 취하기 어려움)이 시작되었다.

수면장애는 육체적이고 심리적인 원인이 무척 다양한 편이다. 그래서 필요할 경우 우선 의학적 판단을 받아보도록 권유한다. 불면증으로 진단될 정도의 괴로움으로 상담실을 찾는 내담자는 대부분 공통적으로 잠자리에 들기 전 많은 걱정과 고민을 떠올린다. E 역시 그랬다. 잠자리에 들었지만 한 시간 넘도록 해결되지 않는 생각의 늪에 빠져 고통스러워할 때가 많았다. 간신히 잠들었다 해도 자다 깨다 반복하다 4시가 조금 넘은 시간에 멍한 상태로 일어났다.

절대적인 수면 부족으로 고통받는 E의 최우선 과제는 숙면이었다. 이런 E를 위해 고민과 생각의 꼬리를 끊을 수 있는 생각 멈추기/비우기Thought Stopping 기술을 연습하는 과정을 오랜 시간 지속했다. 무언가로부터 떠오르는 생각은 마치 풍선과 같아 한 번 불기 시작하면 터질 때까지 부풀기 시작한다. 이런 풍선에 바람을 빼듯 생각을 비우는 작업이 '생각 멈추기/비우기'다. 생각은 한 번에 한 가지밖에 할 수 없다. 그래서 고민이 끓어오르기 시작하면 호흡이나 신체 감각에 집중함으로써 생각의 끈을 끊어 내야 한다. 즉, 생각의 에너지를 활성화하려는 몸의 반응을 호흡과 감각에만 집중함으로써 몸도, 마음도, 생각도 쉴 수 있는 숙면을 위한 준비 작업을 하는 것이다.

E의 숙면을 위한 노력은 아직도 진행 중이다. 그래도 가끔은 생각 멈추기와 명상을 통해 아침까지 잘 수 있고, 개운한 날들이

있다고 하니 예후가 좋아 보인다.

○ ◑ ●

일잘러들 역시 빠른 변화에 적응하는 과정에서 피곤함과 나약함을 종종 경험한다. 뛰어난 그들이지만 빠른 프로세스와 시스템에 갇혀 기계 같은 속도로 매일 흘러가다 보면 어느새 몸도 마음도 지쳐간다. 누군가가 원한다면 어떻게 해서든 결과물을 뽑아내는 그들이지만 이미 지쳐버린 몸과 마음 아래서는 더 이상 한 걸음 전진도 힘겹다.

한 단계가 넘어갈 때마다 '쉼'이라는 틈이 열리는 것을 알기에, 잠시 짐을 내려놓고 또 다른 무언가를 새롭게 시작하길 기대한다. 하지만 생각과는 달리 그들 손에는 이미 처리하기 어려울 정도의 과제가 쌓여만 간다. 그래서 시스템과 프로세스에 갇혀 숨 쉴 틈 없이 내달리기만 하기보다는 비록 좁은 틈이나마 쉼이라는 공간을 만들기로 결심한다. 꼭 필요하다면 시스템과 프로세스의 흐름을 조금이라도 늦추기 위해 노력한다.

일잘러들은 숨 가쁘게 돌아가는 직장생활에서 몸과 마음에 줄 수 있는 짧지만 최고의 휴식으로 '생각 비우기'와 '마음 챙김'을 활용한다. 굳이 말하면 명상이라고 할 수도 있겠으나 명상을 위한 긴 시간적 여유는 없다. 그래서 그들은 생각 비우기와 마음 챙김을 통한 살아남기 전략을 구축하고 생활화한다.

보고서 준비 중간중간의 틈새, 보고나 회의 직전, 화장실 등 짧은 이동, 점심 식사, 출퇴근, 엘리베이터를 기다리는 시간 등 삶 속에 존재하는 다양한 틈새 시간에서 생각을 비우고, 마음을 챙기는 생활을 습관화한다. 다양한 걱정과 불안이 차오르고 무언가 더 해야 한다는 생각이 끊임없이 차오를 때 그들은 오히려 생각을 비우고 마음을 챙기기 위해 노력한다.

더불어 쉼이 꼭 필요하다고 판단되면 반차, 연차, 휴가 등을 활용해 일보다 자신을 먼저 챙기고 아끼는 선택을 한다. 돌아가는 프로젝트가 있어도, 임원 보고가 잡혀 있어도 프로세스와 시스템에 짓눌리기보다는 내가 만들어놓은 전략을 판단과 선택의 우선순위에 둔다. 이러한 선택을 통해 프로세스와 시스템을 자기 흐름에 맞추어 조금씩 조절한다.

우리도 몸과 마음을 위한 생존 전략이 절대적으로 필요하다. 가능한 한 편안한 장소와 시간, 취미 등을 발굴하고, 짧지만 깊이 있는 비움의 시간을 습관화해야 한다. 누구도 챙겨주지 않기에, 빠른 변화 흐름 속에서 터질 것 같이 차오르는 불안과 걱정의 늪에서 헤어나려면 필요할 때 틈새를 확보하는 능력을 발휘한다. 공간미를 최대한 활용한다.

32

최고보다 만족이 더 중요하다

최선과 최고의 삶은 늘 불안하다. 그들은 삶에서 한 단계 위에서 살아가기 위해 부단하게 움직일 수밖에 없다. 우리가 그런 최선과 최고를 무작정 따라가다 보면 삶의 중요한 쉼표인 만족을 놓치게 되고, 이렇게 인생의 중요한 순간마다 불만족이 쌓여가면 우리는 어느새 탈진이라는 늪을 경험한다.

우리는 어린 시절부터 모든 일에서 최선을 다하면 최고가 된다는 교육을 강박적으로 받으며 성장했다. 내가 가진 능력, 환경 안에서 무조건 잘 해내는 것이 전부인 것처럼 믿고 살아왔다. 누군가가 만든 기준과 능력이 목표가 되었고 거기에 미치지 못하면 마치 실패자가 된 것 같은 느낌이었다.

이제는 자기가 정한 기준을 따라 최선을 다하면서 기뻐하고 만족하는 모습을 보면서 종종 흐뭇할 때도 있다. 하지만 여전히 우리는 올림픽에서 은메달을 따고도 금메달을 따지 못해 죄송하다는 말을 해야 한다. 그동안 우리는 이런 최고주의에 짓눌려 살아왔다. 조금 과장한다면 나를 포함해 대부분 직장인이 진정한 자기 우월성은 발견하지 못한 채 낮은 자신감과 자존감, 크고 작은 갈등에 둘러싸여 하루하루 살아간다.

직장인을 대상으로 상담을 하다 보면 주제와는 상관없이 자신감과 자존감은 꼭 다루기 마련이다. 누가 봐도 최선을 다하고 있고, 누군가에게는 부러움의 대상인 그들이지만 항상 무언가에 쫓기며 늘 불안감에 괴로워한다. 자신의 탁월함에는 눈 감은 채 남에게 좋은 평가를 지속해서 듣고 싶어 한다. 이런 상담은 들어가는 에너지에 비해 결과가 초라할 수밖에 없다. 이미 오랜 시간 자리 잡은 비교와 늘 뒤따르는 공허감은 자신의 객관적인 상태와는 관계없이 쉽게 바뀌지 않는다.

그들은 안타깝게도, 성장 과정에서 양육자로부터의 지나친 훈육을 받으면서 자존감에 크고 작은 상처를 경험한 경우가 많다. 물론, 양육자는 그것이 아이를 위한 부모의 사랑이며 최선이라고 생각했을 것이다. 그러나 칭찬보다는 질타, 만족보다는 불만족, 잘한 것보다는 부족한 것을 늘 앞세웠기에 그들의 감정은 꽤 오랜 시간 억눌렸고 어느 순간 자신감도 자존감도 바닥에서 헤어나지 못했다.

이들 대상의 상담과 치료 과정이 지지부진할 수밖에 없는 이유는 너무나 오래되어 고착화된 불안과 우울 그리고 자존감의 상처는 생각보다 쉽게 치유되지 않기 때문이다. 그들에게는 누군가의 조건 없고 지속적인 사랑과 지지가 무엇보다 필요하다. 그래서 전문가는 값싼 동정이 아닌 진정으로 그들의 회복을 기원하며 기나긴 정서적 지지의 여정을 시작한다.

물론 모든 직장인이 병리적인 수준의 문제를 가진 것은 아니다. 그럼에도 앞서 언급한 것처럼 우리는 최선을 다해 최고가 되라는 의식적, 무의식적 기준을 강요받으며 자랐다. 그러다 보니 만족보다는 늘 무언가 조금 부족하다는 생각과, 조금 더 해야 최고가 된다는 생각이 늘 강박적으로 자리했다.

특별히 이루어야 할 목표 수준이 높고, 관심 영역이 많으며, 열정과 경쟁심이 강하고, 빠른 속도감에 완벽함을 추구한다면 삶에서 만족을 찾기가 쉽지 않다. 이미 누군가가 만들어놓은 최고라는 길을 달려가고 있음에도 만족이라는 쉼표에 머무르지 못할 가능성이 높기 때문이다.

○ ◑ ●

일잘러라고 해서 이러한 강박에서 자유로울 수는 없다. 끊임없는 경쟁과 성과를 기반으로 한 회사와 조직 울타리 안에서 평가, 승진을 위한 끊임없는 전투에 임하다 보면 어느 사이 내가 원하는 만족에 머무르기가 쉽지 않다. 그들 역시 누군가가 원하는 만족을 찾기 위해 최선과 최고의 여정을 끊임없는 건다 보면 자기 만족이라는 쉼표에 머무를 시간을 놓치게 된다. 만족감보다는 부족함에 '더'라는 선택의 시간이 길어지면 길어질수록 소진이라는 늪을 헤어날 수 없게 된다.

그래서 일잘러들은 누군가의 기준에 평균을 맞추기보다는 내가 선택한 삶의 가치와 기준에 집중한다. 여기에는 일, 가족, 관계, 취미 등 다양한 영역이 포함된다. 그들은 모든 영역에서 최선과 최고가 될 수 없다는 것을 잘 알고 있고 어느 곳에 에너지를 집중하고 어떤 곳에 낭비하지 않아야 할지를 알고 있다. 그러므로 그들은 그 기준 안에서 만족이라는 쉼표를 찍을 수 있다.

물론 이 기준이 모든 분야에 항상 적용될 수는 없지만 그래도 그들은 그 기준을 지키기 위해 노력한다. 때론 에너지를 나누어 주지 않았던 곳에서 받을 수 있는 비난과 책망을 당연하게 여기며 이러한 과정에서 정서적 지지가 필요하거나, 기준을 수정해야 할 경우가 생기면 언제든지 전문가를 찾고 도움을 받는다.

일잘러에게 심리 상담은 삶을 원활하고 윤택하게 만드는 소중한 시간이 된다. 나를 온전히 바라보고 감싸 주는 시간, 힘들고 어려운 시기를 버틸 힘을 얻는 시간, 나를 위한 변화 동기를 찾고 시작점에서 전문가의 지지를 받는 자기 점검과 변화의 시간이다. 이러한 소중한 시간을 통해 누군가가 규정한 최선과 최고가 아닌 나만을 위한 삶의 기준을 한 가닥씩 잡아간다. 그래서 일잘러에게 상담은 숨겨야 할 시간도, 부끄러운 시간도 아닌 성장을 위한 소중한 시간이 된다.

　누군가가 규정한 가치 기준을 따르고 그에 따른 평가를 받는 것으로부터 자유로워진다는 것은 말처럼 결코 쉬운 일은 아니다. 그럼에도 내가 행복한 것이 삶의 가장 중요한 전제이기 때문에 나를 중심으로 세상을 바꾸어 나가야 한다. 누구에게나 어려운 일이지만 모든 이에게 불가능한 것은 아니다. 그 가능성은 변화를 실천하는 당신이 만들어간다.

33

쉴 타이밍을 놓치지 마라

언젠가 쉬는 것도 철저하게 계획적이어야 한다는 말을 들었다. 이왕 쉰다고 생각했다면 오랜 시간이 지나도 기억에 남을 만한 쉼을 가지라는 의미인 듯하다.

우리는 꽤 오랜 시간 고도성장의 구호 아래 쉼 없이 달려왔다. 어디든 '빨리빨리'가 체질이 되었고, 자기 책임감 때문에 마음 편히 쉬지도 못했다. 1950~80년대를 지나는 동안 회사와 국가를 위한 가족과 개인의 희생은 당연해 보였고 이러한 희생은 미덕이 되었다.

현재도 이러한 인식이 완벽하게 사라진 것은 아니다. 저성장이 계속되면서 우리는 성장 동력을 찾기 위해 무언가를 쥐어짜야만 했다. 빠르게 변화되는 시스템, 빡빡한 프로세스, 쉴 수 없는 공간, 줄어드는 인력 구조에서 우리는 지속되는 소진을 경험한다. 우리는 과거나 현재나 삶의 전쟁터에서 완전군장을 한 채언제나, 어디서나 임무 완수 준비를 마치고 끊임없는 긴장 속에서 전투에 임한다. 우리는 '수고하고 무거운 짐 진 자'가 되어 나와 가족을 지키기 위한 전투까지 준비한다.

○ ◑ ●

일잘러라고 해서 여기서 자유로울 수 있는 것은 아니다. 그들역시 가족, 회사, 사회라는 영역에서 다양한 짐을 짊어지고 하루하루 살아간다. 잦은 야근과 주말 출근 등 끊임없이 밀려드는 업무에 그들 역시 소진을 경험하며 삶에서 무게감을 느낀다.

반복되는 쳇바퀴에서 삶이 주는 무게에 짓눌리다 보면 어느사이 우리 몸과 마음은 헤어날 수 없는 고통에 잠긴다. 그래서 일잘러들은 달려야 할 때와 쉬어야 할 때의 기준을 만들고 때론 토끼처럼 살다가도, 때론 거북이처럼 삶을 전환한다.

바쁘고 정신이 없을 때야 당연히 업무에 매달릴 수밖에 없다. 이럴 때 일잘러들은 업무 외 다른 에너지를 최소화한다. 가족에게 일에 대한 무게감을 전달하고 저녁과 주말 시간 양해를 구하고 지인과의 만남을 최소화하며 자기계발의 에너지를 조금은 뒤로 밀어둔다. 한정된 삶의 에너지 안에서 모든 부분에 나서다 보면 사면초가를 경험할 수밖에 없기 때문이다.

대신 순간순간의 쉼을 극대화한다. 아무리 바쁘더라도 잠깐의 여유는 존재하기에 명상, 일과 상관없는 잡담, 산책, 혼자만의 시간을 통해 몸과 마음이 느낄 정도로 짧은 쉼을 경험하고 이를 극대화한다. 필요하다면 철저하게 타인과 분리된 나만의 시간을 찾아 삶의 무게와 짐들을 내려놓는다.

더불어 정신없이 바쁜 시간이 지나고 난 후에는 무엇을 통해 휴식을 취할지 미리 준비하고 계획한다. 여행, 취미활동, 지인과의 만남 등 장단기 휴식에 대한 계획을 통해 자칫 빠르게 지나가 잊히기 쉬운 쉼의 달콤함을 준비한다. 가장 중요한 것은 그들이 쉼의 시간에는 지금 그리고 여기here and now에 온전히 집중한다는 점이다. 다양한 생각이 떠올라도, 누군가가 방해해도 쉼의 시간에는 온전히 쉼에 집중하기 위해 노력한다.

우리는 몸과 마음이 간절히 휴식을 원할 때를 알고 있다. 단지 용기가 필요할 뿐이다. 자발적 쉼의 시기를 놓친다면 질병 등으로 선택의 여지가 없는 '강제 휴식'을 취해야 하는 상황을 맞는다. 이러지도 저러지도 못하는 억울한 쉼이 아닌 준비된 쉼을 즐길 수 있도록 해보자.

34

일과 쉼의 전환을 위한 리추얼 만들기

○
◐
●

회사마다 있는 다양한 업무용 메신저나 카카오톡은 우리의 일과 삶을 하나로 만든다. 우리 생각도 마찬가지다. 헤어진 연인을 잊지 못하듯 퇴근했음에도 머릿속이 복잡하다. 퇴근 후에도 여전히 업무 생각에 에너지를 사용한 경험은 직장인이라면 누구에게나 있다.

하지만 일과 삶이 분리되지 않는다면 스스로에게 그만큼의 손해를 입히는 셈이다. 회사는 일과 삶의 분리를 권장하지 않는다. 오직 나 스스로가 결단해야 할 부분이다.

일하다 보면 때론 책임자로서 급하게 답을 주거나 보완을 요청하는 경우도 있다. 이러한 상황이 꼭 필요하다고 생각하지는 않지만, 어쩌겠는가? 일과 직장의 숙명이 그런 것을. 미리 합의

되고 어쩔 수 없다고 판단된다면 그나마 다행이다. 합의된 기간에는 할 일에 집중하고 중간중간 쉴 수 있도록 여유와 기간을 조정하면 된다. 물론, 업무 시간 외의 회사 활동은 근무 시간에 포함되고, 비용은 당연히 청구되어야 한다.

그러나 근무 시간 외의 산발적인 추가 업무가 관행이 되거나 지나치게 길어지면 안 된다. 예측할 수 없는 상황이 지속되면 특별히 하는 일이 없더라도 우리 몸과 마음은 이미 거기에 상당한 에너지를 투입할 수밖에 없기 때문이다. 이러한 패턴이 지속된다면 휴식 중에도 우리의 신체는 활성화되어 나도 모르는 사이 몸과 마음은 조금씩 황폐해진다.

이렇게 일과 회사의 특수성으로 인한 문제도 있지만, 스스로 회사와 나의 삶을 구분하지 못하는 경우가 더욱 위험하다. 누구보다 먼저 출근하고 퇴근하지만 회사를 나서는 마음이 가볍지 않다. 남은 일들, 열어보지 않은 메일, 챙겨야 할 것들이 머릿속을 떠나지 않아 복잡한 마음으로 회사를 나서지만 퇴근해도 생각의 지분은 그대로 남겨놓았다.

꼭 그럴 필요가 없고, 급하게 해결해야 할 일이 아님에도 끊임없이 들어오는 업무로 마음은 불안하고 편하지 않다. 하나라도 일찍 끝내고 나면 조금 여유라도 생길까 하는 기대도 해본다. 하지만 그런 여유는 다른 일을 준비하고 정리하기 위한 준비 시간으로 사용되는 게 마음을 더 아프게 한다.

이런 모습이 싫어 퇴근 후나 주말에는 회사라는 존재 자체를 잊고 싶지만, 마음은 또다시 회사를 향한다. 그러다 보면 어느 순간 회사 일들을 하나씩 챙겨 집에서 처리하는 날들이 점점 늘어가고 '월화수목금금금'이 삶의 일부가 된다.

저녁이나 주말에 확인한 메일이나 메신저는 다음날에 처리해도 누가 뭐라고 하지 않는다. 70, 80년대 이야기라고 하겠지만 아직도 우리 주변에는 '워라밸'과는 동떨어진 누군가가 꽤 많다.

나 역시 퇴근 후 온전한 쉼을 자의와 타의로 잊고 살던 시간이 있었다. 주말에 울리는 전화 소리에 심장이 갑자기 급하게 뛰고, 등산 중 회사 연락을 받고 급하게 하산하거나, 가족 식사 모임 중 전화기를 붙잡고 오랜 시간을 보낸 적도 많았다. 그러다 보니 전화는 항상 가장 큰 소리로 셋팅되었고, 항상 붙어다녔다.

언제 날 찾을지 모른다는 긴장감에 몸과 마음은 늘 활성화 모드에, 신경의 한 부분은 항상 전화에 쏠려 있었다. 아이러니하지만 싫어도 집중할 수밖에 없고, 버리고 싶어도 손에서 일을 놓지 못하는 삶이 지속되었다. 이러한 시간이 길어질수록 쉼은 더 이상 휴식의 시간이 아니었고 몸도 마음도 지쳐갔다. 대부분 시간을 회사에 집중하다 보니 가족, 지인, 자기계발 등 삶의 여러 부분에서 문제가 시작되었다.

안타깝지만 구조적인 문제야 어쩔 수 없고, 내가 바꿀 수 있는 일은 아니다. 구조적인 문제라면 회사나 조직 차원에서 대안을 마련해주길 바랄 뿐이다. 그럼에도 바꿀 수 있는 것과 없는 것을 구분해야 한다면, 바꿀 수 있는 것은 나 자신밖에 없다.

시간이 지난다고 해서 불쑥불쑥 쉼을 방해하는 이런 현실은 바뀔 것 같지 않다. 이러한 상황이 장기화될수록 탈진이라는 늪에 빠지기 쉬우니 스스로 변화를 결단할 수밖에 없다. 다양한 방법이 있겠지만 우선 현재 내 상태를 점검해보아야 한다. 워라밸, 관계, 심신 상태 등을 점검하고 필요할 경우 병원을 찾아 현재의 몸과 마음 상태를 진단하는 것도 필요하다.

더불어 가족이 주는 피드백을 가볍게 넘기지 말고 주의 깊게 들어보자. 상태가 어느 정도 확인되었다면 부서원, 부서장, 임원 등에게 현재 상태를 알리고 업무를 조정하는 것이 필요하다. 이러한 일을 진행하다 보면 나약해 보인다고 생각할 수 있지만, 오히려 건강한 상태임을 잊지 않아야 한다.

무엇보다도 중요한 것은 마음 자세를 바꾸는 것이다. 바라지 않았음에도 강박적으로 몸과 마음이 회사에서 벗어나지 못한다면 나의 문제다. 내가 만든 강박적 울타리를 제거하려면 삶의 새로운 의식들이 필요하다.

○ ◐ ●

일잘러들 역시 한때는 중독적이며 강박적으로 회사라는 울타리를 벗어나지 못했다. 그러다 보니 언제든 연락하고 찾아도 되는 사람처럼 인식되었다. 힘들고 어려운 시간이었지만 인정받고 있다는 착각에 꽤 오랜 기간 버텨보기도 했다. 이러한 시간이 길어질수록 스트레스로 인한 탈진은 점점 심해지고 정서적 고갈, 탈인격화(타인의 감정을 공감하지 못하거나 괴팍해지는 등), 자가 성취감의 바닥을 경험했다.

직장에서는 동료 관계에서 문제가 잦아지고 내 편이 하나둘 사라졌다. 가정에서는 부부, 자녀와의 거리가 점점 멀어져 내가 설 자리가 좁아져 갔다. 외로움이 커지면 커질수록 공허감으로 음주, 불면증, 집중력 저하 등이 눈에 띄게 나타나고 상황은 해결될 기미가 없었다.

그래서 그들은 결심했다. 직장과 삶이 분리되지 않는다면 가족도 회사도 결국은 나를 떠날 수밖에 없음을 깨달은 것이다. 이제 그들은 일과 삶을 분리하는 몇 가지 의식(儀式)을 찾고 실행한다. 퇴근이 가까워지면 자리를 일어나기 전 책상을 정리하며 일과를 매듭짓고 내일 할 일을 미리 확인한다. 출입문을 나서면서는 주문처럼 '안녕'이라는 말을 남기며 공간을 분리한다. 집을 향하는 시간에는 음악을 듣거나 책을 읽으며 일과 삶의 전환을 준비한다. 집으로 올라가는 엘리베이터를 기다리는 순간에는 메시지를 확인하기보다는 집에서 해야 할 일들, 가족들에게 건넬 말들을 미리 떠올린다.

특별하지는 않지만 일과 삶을 분리해주는 이러한 전환 장치들은 자칫 이어질 수 있는 인식의 흐름을 끊어주는 역할을 한다. 직장은 삶의 도구이지 목적은 아니다. 도구가 나와 가족의 행복이라는 목적을 차지하지 않게 하려면 삶의 다양한 영역에 의식의 이정표를 심어두어야 한다.

35

쉼 계획은 더 철저하게

○
◐
●

직장인이라면 여름 휴가나 긴 연차 이후에 업무 적응에 어려움을 자주 경험한다. 꿀과 같은 시간이었지만 그 이후가 피곤하고 힘든 이유는 그렇게 보낸 휴가가 온전한 휴식이라기보다는 다양한 활동의 연속에 불과했기 때문이다. 그래서 휴가를 계획할 때는 활동을 통한 채움의 시간과 함께 온전히 쉴 수 있는 휴식에 대한 이중 계획이 필요하다.

우리에게는 역할도, 책임도, 의무도 많아 해도 해도 끝이 없는 일 바다를 헤엄칠 때가 많다. 다양한 통계 수치를 비교하더라도 대단하다 싶을 정도로 일하고 결과물을 만들어낸다. 반면 쉼에 대한 우리의 문화와 제도는 과연 어느 정도 수준일까? 주5일, 52시간 등 꽤 많은 변화가 있었지만 삶의 여유를 찾기에는 아직도 부족하다.

유럽의 선진 휴가 문화와 비교해본다면 삶에서 경험하는 휴식의 양과 질은 턱없이 부족한 것이 사실이다. 몇 주씩 여행을 다닌다던가, 업무를 일찌감치 종료하고 오후 시간을 즐기는 여유는 아직 우리에게 요원하다. 삶의 기저에 깔린 쉼의 기반 자체에 큰 차이가 있기에 우리는 아직도 쉬는 데 불편함을 느끼고 눈치를 본다.

언젠가는 이러한 차이도 좁혀지겠지만 아직은 먼 이야기다. 그러다 보니 짧은 쉼의 시간을 최대치로 끌어올리는 게 급선무다. 나와 가족의 행복을 최대치로 끌어올리는 필살기로 사용해야 한다.

시간이 어느 정도 흐르면 휴가도 까마득한 옛일이 된다. 도대체 어디를 갔는지 무엇을 했는지조차 기억나지 않아 스케줄러나 SNS를 뒤져보며 과거를 회상한다. 휴가뿐 아니라 삶을 통해 경험하는 다양한 기억들도 망각의 공간으로 빠르게 이동한다. 망각이 결코 부정적인 것만은 아니지만 그래도 즐겁고 행복한 시간은 되도록 가까이 두고 되새기고 싶다.

그래서 휴가는 철저하게 계획적이어야 한다. 너무나도 짧기에 오랜 시간이 지나도 행복한 시간으로 기억되도록 오히려 일할 때보다 더 철저하게 계획해야 한다. 그렇다고 시간 단위로 계획을 짜고, 무언가를 꼭 해야 한다는 의미는 아니다. 우선적으로 행복에 초점을 맞춰 자칫 휴가 중 빠질 수 있는 스트레스에서 벗어나 온전히 휴식에 집중하게 하는 정신적인 계획을 말한다.

길이 막히면, 날이 더우면, 아이들이 말을 듣지 않으면, 여행지에서 생각했던 계획이 조금이라도 흐트러지면 자연스럽게 짜증이 나고 화가 올라온다. 하지만 덥고 벌레들이 많은 것은 여름이니 어쩔 수 없고, 아이들이 말을 듣지 않는 것이야 당연한 것을 어쩌겠는가? 항상 내가 통제할 수 있는 영역이 아니기에 다양하게 경험하는 예기치 못한 상황에서도 평정심을 유지하게 하는 나만의 기술도 있어야 한다.

꽤 오래전 갑작스럽게 춘천을 여행지 삼아 짧은 휴가를 계획했다. 첫째 아이가 3살 즈음이었다. 가는 도중 길이 심하게 정체되었고, 답답함을 느낀 아이는 짜증 내며 울기 시작했다. 순간 화가 났고, 아무런 죄도 없는 아이에게 화를 냈다. 그렇게 감정을 쏟아붓고 나니 내가 왜 화를 냈는지조차 알 수 없었다.

즐겁고 행복한 시간을 위한 여행이 단지 길이 막힌다는 이유로 잠시 무너져버린 것이다. 다행히 빠르게 정신을 차려 여행의 목적을 잃지 않기 위해 내가 할 일을 했다. 지금도 여행 중 생기는 예기치 못한 상황에서 처음의 목적을 기억하는 건 쉽지 않다. 그러므로 즐거움과 행복을 놓치지 않고자 정신적인 준비가 필요한 것이다. 그러다 보면 계획도, 행동도, 마음가짐도 행복이라는 목적을 찾아가는 과정이 된다.

휴가는 다양한 배움의 시간이기에 우리 몸은 생각보다 많이 활성화되어 있다. 새로운 지형, 음식, 사람을 경험한다는 것은 배움의 연속이다. 머리뿐 아니라 몸과 마음이 새롭고 다양한 자극에 반응하고, 이를 통해 생각의 범위와 방향도 확장된다. 물론, 에너지를 충전하는 시간이지만 이를 위한 또 다른 쉼도 필요하다. 그래서 휴가에는 온전한 쉼의 계획이 함께 필요하다.

우리는 여행 계획을 업무하듯이 잡는다. 계획에 따라 한점 오차도 없이 무언가는 꼭 보고, 무언가는 꼭 먹어야 하며, 경험해보아야 직성이 풀리는 휴가는 자칫 탈진의 연장이 될 수 있다. 오차 없이 계획을 따른다는 것 자체가 스트레스의 연속 선에 자신을 두는 것이기 때문이다.

그러므로 휴가 계획은 철저하게 쉴 공간을 포함해야 한다. 배움과 쉼이 구분되어야 하는 것이다. 어디를 가서 무엇을 먹고 체험을 하든 중간중간 여유를 찾을 시간을 계획한다. 때로는 타이트하지만 때로는 여유 있게, 온전히 지금과 여기에서 즐길 수 있을 뿐 아니라 자칫 잊어버릴 수 있는 여행의 진정한 목적을 붙잡아야 한다.

마지막으로 여행의 끝은 온전한 회복과 일상으로의 재진입이다. 되도록 하루 정도는 여행을 마음속으로 정리하고 몸도 마음도 쉴 수 있는 시간을 확보하자. 여행 가방을 정리하고, 아이들의 밀린 숙제를 챙기는 등의 일은 일단 뒤로 접어두자. 되도록 활동은 최소화하고 몸도 마음도 충분히 쉬었다고 인식할 정도로 '계획된 나태함'을 즐겨보자.

하루의 넉넉한 쉼이 충분했다면 이제 잠자리에 들기 전 마음을 정리할 시간이 필요하다. 오늘의 잠자리가 지나고 나면 다시 일상으로 복귀하기에, 이후를 위해 정리하는 시간이 있어야 몸도 마음도 다시 일상 준비를 시작한다. 어떤 일을 우선 처리해야 하고, 누구를 먼저 만나야 할지 등 휴가 기간 접어두었던 업무들을 짧게 정리하는 것도 도움이 될 것이다.

○　◑　●

일잘러들은 휴가에 온전히 집중하기 위해 몸과 마음을 휴식 모드로 전환한다. 여유가 생기다 보니 다양한 변수에 유연하게 대처하는 기반이 마련된다. 이러한 기반으로 최고의 배움과 휴식을 통한 가족 행복이라는 휴가의 목적을 가족과 공유한다. 더불어 가족 모두의 성향과 체력이 같지 않기에 다른 부분을 충분히 존중하고, 가장 체력이 약한 자녀를 기준으로 계획을 세운다.

계획은 단지 휴가 당일만 아니라 전후까지도 각별하게 챙겨 업무가 휴가를 방해하지 않도록 정리하고 신경 쓴다. 휴가 기간의 마지막에는 주말을 포함해 평소처럼 쉴 시간과 공간을 확보한다. 때론 휴가 후 하루 이틀의 일상 복귀를 경험하고 주말을 맞아 여독을 충분히 풀기도 한다.

일잘러들은 무엇보다 나만이 즐길 수 있는 휴식의 중요성을 안다. 그들은 온전히 홀로 휴식을 즐길 수 있는 시간과 공간을 한 해 계획 안에 반드시 마련해둔다. 물론, 가족과 합의를 거친다. 나의 몸과 마음이 건강해야 가족과 일에도 최선을 다할 수 있다는 것을 알기 때문이다. 더불어 내가 휴식을 즐기는 것처럼 가족 모두가 각자의 휴식에 집중할 시간과 여유도 함께 고민한다.

휴가는 배움과 쉼의 시간이며 목적은 나와 가족의 행복이다. 행복을 만들어가는 소중한 시간이 다양한 변수로 방해받지 않도록 온전히 지금과 여기에 집중함으로써 즐거움의 시간을 극대화 했으면 한다. 더불어 휴가를 떠난 동료에게 절대로 업무 연락을 해서는 안 된다. 단 몇 분이 몇 시간의 휴식을 방해할 수 있다는 것을 잊지 않았으면 한다.

의미 있는 변화의 시작

30대 중반, 느지막하게 삶의 목적과 진로를 잡았다. 그전까지는 이것저것 하고 싶은 것이 많아 무모하게 발을 담그다가 난처한 일을 겪기도 했다. 하지만 이러한 무모함이 쓸데없는 경험은 아니었다. 내가 선택했던 심리학과 상담학 그리고 상담 전문가 National Certified Counselor 자격, 우연히 알게 된 EAPEmployee Assistance Program 등은 꿈의 기반이 되었다. 이런 기반 아래, 직장인의 마음 건강을 위한 전문가로서 한 걸음씩 커리어를 쌓아나갔다.

진로와 삶의 목적이 구체화되자 성장의 속도는 빨라졌다. 선택 기준이 확고해졌고, 해야 할 것이 무엇인지 알기에 한두 스텝 먼저 계획이 가능했다. 박사 학위, 상담 실무, 기업과 조직 문화 이해, 임직원의 마음 건강 돌봄, 기획 및 전략, 마케팅, 브랜딩 등 다양한 전문성을 하나씩 쌓아갔다.

이렇게 20여 년간 크고 작은 즐거움을 경험하며 숱한 산봉우리를 오르내렸다. 그리고 이 기간의 직장생활은 나에게 마치 '생활 연구소'와 같은 경험이었다. 인위적이고 통제된 시공간이 아닌 실생활 그리고 직장인의 삶 자체가 연구의 연장선이었기 때문이다. 연구 주제를 찾기 위해 먼 곳을 돌아다닐 필요도, 데이터를 구하기 위해 굳이 애쓰지 않아도 되는, 직장생활 자체가 주제이며 데이터 집합이었고 치료 현장이었다.

이 책에서 나는 가상 인물인 '일잘러'를 통해 다양한 고통의 시간을 잘 견뎌내기 위한 준비와 결단의 과정을 소개했다. 여기서 일잘러는 저자와 직장생활을 함께했던 몸과 마음이 건강한 지인, 동료, 선후배의 모습에서 가져왔다.

회사를 다니며 글을 쓴다는 것이 생각보다 쉽지는 않았다. 퇴근 후에 밀려오는 피곤과 싸우고 가족들과의 시간을 그만큼 희생해야 했다. 하루하루의 시간을 모아 삯바느질하는 마음으로 한줄 한줄 이어 갔다. 어느 정도 내용이 채워지면서 가능성을 발견했고, 글을 쓰는 시간의 행복을 누렸다.

중간중간 글의 형태와 방향이 여러 번 수정되었다. 조금 더 읽히기 편하고, 되도록 누구나 공감하는 이야기이길 바랐다. 하지만 초보자의 마음은 늘 불안하고 두렵다. 독자라는 대중에게 평가받는 입장이기에, 마치 오디션 프로그램에 나와 짧은 시간 모든 걸 보여주고 결과를 기다리는 마음이었다.

오래전 대학 강단에 섰을 때도 모두를 만족시킬 강의는 없다는 것을 깨달았다. 결국은 선택과 집중이었다. 그러므로 누군가에게 도움이 된다면 나름대로 성공한 책이라고 생각하기로 했다. 내가 어쩔 수 없는 부분에 에너지를 낭비하기보다는 누군가에게는 도움이 될 것이라는 희망에 집중하며 글을 써 내려갔다.

　이제, 심리 전문가로서, 선후배로, 때론 동료로서 함께 울고 웃으며 상담 과정을 통해 느끼고 배웠던 많은 것을 독자들과 공유하고 싶다. 취업 준비생, 이제 막 사회의 문턱을 넘은 MZ 세대, 한창 일에 전념할 Y 그리고 X 세대, 베이비부머 세대까지, 함께 공감하며 힐링과 변화의 시작점이 되었으면 좋겠다.

　'직장은 원래 그런 거'라고 변화도, 새로움도, 다음도 생각하지 않는 직장인의 마음속 호수에 짱돌 하나를 던지는 그런 책이었으면 한다.

직장으로 간 심리학자
황준철

직장으로 간 심리학자

초판 1쇄 발행 | 2022년 9월 23일

초판 2쇄 발행 | 2024년 4월 8일

지은이 | 황준철

펴낸이 | 김윤정

펴낸곳 | 글의온도

출판등록 | 2021년 1월 26일(제2021-000050호)

주소 | 서울시 종로구 삼봉로 81, 442호

전화 | 02-739-8950

팩스 | 02-739-8951

메일 | ondopubl@naver.com

인스타그램 | @ondopubl

© 2022, 황준철

ISBN 979-11-92005-20-1 (03180)

■ 이 책 내용의 일부 또는 전부를 재사용하려면 반드시 저작권자와 글의온도의 동의를 얻어야 합니다.

■ 잘못된 책은 구입하신 서점에서 교환해드립니다.